改訂
保育者の関わりの理論と実践

保育の専門性に基づいて

高山 静子

郁洋舎

はじめに

保育は、子どもの未来、社会の未来に大きな影響を及ぼす仕事です。

保育者がもつ専門性には、主に「環境構成」「関わり」「保育内容の展開」「子ども・集団の把握と理解」「保育のマネジメント」があります。本書は、保育者がもつ「関わりに関する実践知・経験知」の言語化・理論化を図ったものです。

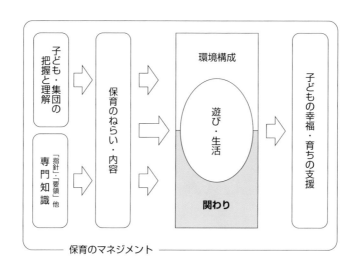

保育者の子どもとの関わり方は、人によって、また園によって大きな差異があります。それは経験を重ねればうまくなるという性質のものではありません。むしろ保育者として共通する関わり方を見つけることが難しいほど、個人や園に任されています。

それもそのはず、保育士や幼稚園教諭の養成課程では、これまで、子どもとの関わりの原則や技術を学ぶ機会がありませんでした。保護者の支援は、複数の科目で、保護者と関わるときの基本的な姿勢や、相談の受け方などを学びます。しかし子どもとの関わり方は、これまで学ぶ科目すら設定されていませんでした。それは乳幼児との関わりは誰にでもできることであり、集団の保育を、家庭の養育と同じように考えられていたからではないでしょうか。

集団の保育で、一人ひとりとていねいな関わりをもつためには、家庭の養育とは異なる専門知識と技術が不可欠です。しかし、今は保育者が養成課程や研修で身につける関わりの原則や技術は何かが明らかになっていない段階です。

保育者には、理想の関わりや正解があるわけではありません。この本では、保育実践の専門家である保育者が、相手や状況に合わせて判断し行動する根拠となる理論づくりを目指しました。この本は、「言葉かけ」の本でも「カウンセリング」の本でもありません。相手が子どもでも保護者でも、後輩や実習生でも応用できる、「保育者の関わり」の理論と実践をまとめたものです。

本書は、第1部は理論編、第2部は実践編、第3部は演習・園内研修編で構成されています。最も関心のあるところからお読みください。演習は、園内研修、集合研修、授業でもご活用ください。参考資料として明示していただければ、地域と集団の特性に合わせて自由に変えていただくことを望んでいます。

保育者が関わりの原則と技術を知ることによって、子どもと保護者の笑顔が増え、そのことによって保育者が日々充実感を得ることができればと思います。それぞれの立場で、この本の内容をご活用いただければ幸いです。

改訂版の発行について

本書は、2019年に出版した『保育者の関わりの理論と実践〜教育と福祉の専門職として』（エイデル研究所）に、新たな知見を加え、演習の追加と写真の差し替えや図表等の修正を行って、刊行するものです。

目　次

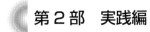
第2部 実践編

第3部　演習・園内研修編

関わりの質を高めるスキルアップ演習（園内研修）......108

第1部　理論編

第1章

なぜ、
専門性に基づく
関わりが必要なのか

　これまで乳幼児との関わりは、個人の資質で行うものであり、とくに専門知識や技術を学ぶ必要があるとは考えられていませんでした。本書は、乳幼児と関わるために必要な専門知識と技術を解説したものです。

　では、なぜ保育者には専門性に基づく関わりが必要なのでしょうか。

　保育所と認定子ども園、乳児院は、乳幼児期の教育と児童福祉の機能を果たす機関です。保育士は福祉と教育の専門職であり、これらの機関で子どもの保育と保護者の支援を行っています。幼稚園教諭も、子どもの生涯に影響を及ぼす幼児期という重要な時期の教育を担います。保育は、子どもの人格形成に影響を与え、その職務の成果が社会全体へ影響を及ぼす重要な仕事です。

　福祉は、特別な事情がある人だけに必要だと誤解されることがあります。しかし、すべての人が教育を必要なように、すべての人が福祉を必要としています。福祉という言葉は、広い意味で幸福を指します。幼稚園、認定こども園、保育所、すべての子どもと保護者が福祉を必要としているのです。

　なかでもとくに保育所や認定こども園等には、経済的に困窮する家庭や虐待のハイリスクの家庭、保護者に障がいや疾患があるため子どもが家庭で十分なケアを受けられないなど、高い福祉ニーズをもつ家庭の利用があります。また、今の社会では多くの保護者が長時間労働をする状況にあります。そのため子どもが園の保育者に対して愛情の試し行為をすることもあります。

　本章では、なぜ保育者には専門性に基づく関わりが必要なのかを、子どもの保育、保護者の子育て支援、専門職の3つの観点から、詳しく説明を行います。

① 子どもの「保育」の観点から

（1）乳幼児期の関わりが自分を取り巻く世界への信頼感を育む

　保育者に専門性に基づく関わりが必要な理由の一つ目は、乳幼児期の大人の関わりは、子どもの他者や社会への信頼感あるいは不信感を育むからです。

　「保育所保育指針解説」[1] には、「子どもは、保育士等をはじめ周囲の人からかけがえのない存在として受け止められ認められることで、自己を十分に発揮することができる。そのことによって、周囲の人への信頼感とともに、自己を肯定する気持ちが育まれる」とあります。

　子どもは、自分のそばであたたかく見守り応答的に応える大人によって、安心感を得ます。子どもが人への確かな信頼感をもつと、信頼する大人を港にして、周囲の様々な自然や人などに働きかけ、世界を広げていくことができます。そして、その環境との関わりのなかで、子どもは生きるために必要な様々な力を身につけていくことができます。

　保育者は、乳幼児よりも圧倒的に強い立場にあります。保育者は、日々の関わりを通して、子どもの人を信じる力を育むことができます。反対に保育者は他者への不信感を子どもに植えつけてしまう可能性もあります。子どもが、自分を取り巻く世界が安全で良いものだと感じるか、それとも危険で信頼できないものと感じるか。大人の関わりは、子どもの世界へのまなざしを形づくっています。

（1）厚生労働省『保育所保育指針解説』フレーベル館、2018

（2）乳幼児期の関わりが子どもの自己イメージをつくる

　子どもは、大人の関わりを通して自己イメージをつくっていきます。

　乳児は、自分がどのような存在であるのかイメージをもっていません。子どもは周囲の人との関わりのなかで自己のイメージをつくっていきます。周囲の大人が子どもに対してあたたかく応答的に接するとき、子どもは、自分は愛される存在であると感じます。反対に、周囲の大人が冷たく無視をしたり否定的な言葉を使ったりすると、子どもは、自分は愛されていないと認識してしまいます。また、保育者が「ダメ」、「危ない」、「○○して」と子どもの行動を否定し、命令するばかりでは、子どもは無力感を学習し受動的になります。

　乳幼児期は、子どもの人格の土台をつくる時期です。保育者が日々行うあたたかく応答的な関わりが、子どもの自己肯定感（自分は大切な存在であるという感覚）や有能感（自分はうまくできるという感覚）などの自分に対する確かな信頼を育んでいます。

保育者が子どもに向ける笑顔が、子どもの肯定的な自己イメージをつくる

（3）保育者のふるまいが子どもの行動モデルとなる

　保育者の行動は、子どものモデルとなります。保育者の行動や価値観は、子どもの行動や価値観として子どもに取り入れられていきます。

　幼児期の発達課題の一つには、「善悪の区別についての学習と良心の芽生え」[1] があります。幼児期は、人として良いこと、してはいけないことを学習する敏感期です。保育者が思いやりにあふれた行動をしていると、多くの子どもが友達に思いやりのあ

子どもに影響する保育者のふるまい

保育者

- その子どもに対して言っていること
- 他の子どもに対して言っていること
- 保育者が日常的にしていること

子ども

- 自分を取り巻く人や世界に対するイメージ
- 自分に対するイメージ
- その子が人と関わるときの行動、価値観

る行動をするようになります。反対に保育者が、「一番お片づけが早いのは誰かな」と日々競争をあおっていれば、子どもは「早いことや、先生にほめられることがいいこと」と考えるようになるかもしれません。「誰が一番早いかな」と言われながら、お友達を助けようとする子どもはいないでしょう。保育者が、「○○ちゃんはほんとに遅いんだから」とつぶやくと、子どもは「ダメな人は、言葉や態度で否定をしていい」と学習します。幼児にとって最も憧れる大人のモデルは、保育者です。幼児は、保育者の行動を正しい行動と考え、保育者の言葉や行動の真似をします。

このように、保育者のふるまいは、子どもの行動や価値観に影響を与えています。

保育者の話の聞き方、話し方、動き方、けんかのときの対応などが、毎日子どもの行動に取り込まれていくのです。

（4）乳幼児期の子どもの行動理解と集団の保育には、専門知識が不可欠

0～3歳の子どもとの関わりは、大人や小学生と関わるよりずっと難しいものです。

乳幼児期の子どもの行動を理解するには専門知識が欠かせません。赤ちゃんは食事のテーブルに登ろうとし、お皿を投げ、スリッパをなめます。2歳の子どもは友達におもちゃを貸すことができません。これらは発達上どれも正常な行動ですが、発達を理解していない大人は、子どもを叱ります。

家庭では、たった一人のわが子に対して、体罰や叱責が使われることがあります。「兵庫レポート」（原田正文、2006）によると、体罰（たたく・つねる・けるなど）を用いる保護者は「いつも」「ときどき」を合わせると、1歳半で50.5%、3歳では

---

(1) R. J. ハヴィガースト『人間の発達課題と教育』荘司雅子監訳、玉川大学出版部、1995

体罰を用いる保護者の割合

「子どもをしかる時、たたく、つねるとか、
けるなどの体罰を用いますか?」

「いつも」「ときどき」と回答
1歳半…50.5%
3歳 …67.7%

67.7%です [1]。このように乳幼児期の子どものしつけでは、多くの保護者が体罰を用いてしまうのです。

　乳児は食事もトイレでの排せつの仕方すら知りません。乳幼児は言葉で表現できず、泣いたりわめいたりすることで、自分の感情や欲求を表現します。また大人の言葉だけでは行動できず、教えれば「はいわかりました」と一度にできるようになりません。

　保育者はそうした子どもを集団で預かり、体罰も叱責も使わずに、遊び・食事・午睡・排せつ・着脱等の援助を行います。国の最低基準は、0歳児は子ども3人に対して保育者一人、1、2歳児は子ども6人に対して保育者一人です。専門的な知識や技術をもたずに保育を行う場合には、保護者よりも不適切な関わりが増える可能性があります。乳幼児の集団保育では、関わりの専門知識と技術を欠かすことができません。

集団保育でのていねいな関わりは、専門性によって成り立つ行為

---

(1) 原田正文『子育ての変貌と次世代育成支援─兵庫レポートにみる子育て現場と子ども虐待予防』名古屋大学出版会、2006。最新の調査では、年齢別ではないが2017年に(公)セーブ・ザ・チルドレン・ジャパンが行った調査でも70.1%の家庭で体罰を用いたことがあるという結果がある。(報告書『子どもに対するしつけのための体罰等の意識・実態調査結果報告書─子どもの体やこころを傷つける罰のない社会を目指して』2018)

② 保護者の「子育て支援」の観点から

（1）保護者の親としての成長を支えることが可能になる

　保育者に専門性に基づく関わりが必要な理由の二つ目は、保育者の関わりが保護者の親としての成長や、子育てに対する自信に影響を与えるからです。

　子育ては学習性の行動です。それは父親も母親も同じです。初めてのことはわかりません。見たことがないこと、知らないことはできません。保育者は、2年以上専門学校や大学で保育を学びます。それでもわからないことや不安だらけでしょう。保護者は何も学ぶことなくいきなり親になります。家事や仕事と並行して不慣れな子育てを行うのですから、子育ての負担を大きいと感じる保護者がいるのは当然です。

　乳幼児期は、保護者が子どもと関係をつくる初期であり、親として成長する敏感期です。親子の関係も、親としての成長も、良い環境のなかで育まれます。子どもの保育と同じように、親が親として成長できる環境をつくり必要な支援を行い協働することで、保護者の子育てを支えることができます。

　保育者は、子どもに関わる専門職のなかで虐待等の問題が発生する以前の親子と関わりをもつことができる数少ない専門職です。多くの専門職は、問題の発生後に問題を自覚している人に対して支援を行います。社会福祉サービスの多くが、利用者の利用申請によって始まるのに対して、保育所等の保護者の支援では、保育者がまず問題に気づき、相手に「支援された」と気づかれることもなく、問題解決が行われる場合も少なくありません。

保育者の笑顔が保護者の安定を支える

（２）保育所と認定こども園は
　　高い福祉ニーズをもつ家庭が利用する場

　日本は、同質社会と言われてきましたが、最近では、ひとり親家庭、ステップファミリー、国際結婚など家族の形態も多様化しています。完璧な人間がいないことと同様に、完璧な家族もありません。もしも、保育者に専門性がなければ、ひとり親家庭や、経済的に困窮し生活保護を受給する家庭を、欠損のある家庭ととらえ、偏見や差別のまなざしを向けるかもしれません。

　今、日本の社会は、貧困、DV（家庭内暴力）や虐待の増加など、福祉の専門性を必要とする課題が増えています。小中学校では、スクールソーシャルワーカーを配置する必要性について議論が行われています。そのため幼稚園でも、乳幼児期の子どもと保護者に対する福祉の機能を高めていく必要性があります。

　保育士は、児童福祉施設で働くことを前提に養成されています。福祉の専門職は、心身に障がいがある、精神疾患を患っている、離婚した、困難を抱えているなど、人生の嵐の時期に伴走することを職務としています [1]。保育士はその責務を果たすために、福祉とソーシャルワークに関する科目を修得します。

　保育所と認定こども園は、福祉ニーズの高い保護者と子どもが、優先的に利用する場です。生活に追われ保護者にゆとりがない時期は、子どもも情緒が不安定になりがちです。そのため、保育所と認定こども園の保育者は、子どもの保育にも、保護者の子育て支援にも、より高度な専門性が必要です。

保育所・認定こども園＝福祉の機能を果たす場

福祉ニーズの高い家庭が優先的に利用

・ひとり親家庭、若年出産

・経済的困窮家庭

・強度の育児不安、保護者の精神疾患

・子どもに障がいや発達の課題がある

・その他、虐待の可能性がある　等

★保育者にはより高い専門性が必要とされる

（3）専門的な関わりによって不幸の再生産を防止できる

　福祉を学び、福祉の専門職として専門的な関わりができる保育者は、不幸の再生産の防止に力を発揮することができます。笑顔で自分から挨拶をする明るい保護者は、多くの保育者から気軽に話しかけられます。しかし、保育者に挨拶もせずに子どもを怒鳴りつけながら帰っていく、そんな保護者にこそ支援が必要です。

　保護者自身、自分の経験を繰り返したくないと思いながら、自分ではどうしようもなくて困っているのかもしれません。自由の学園を創設したニイルは、問題の子どもは不幸な子どもである。幸せな人は人をいじめたり、ねたんだりするものではないといいます [2]。

　虐待の防止に長年尽力する森田ゆりは、著作のなかで「怒りの仮面」を紹介しています [3]。怒りの仮面の裏側には、恐れや不安や寂しさが隠れています。ある場面でうまく対処ができる人は、相手に怒る必要がありません。「何でそんなことするの！」と子どもに怒鳴る親は、（子どもにどのように対処してよいかわからない）ことを表現しているのかもしれません。子どもに怒鳴っている保護者は、「困っている保護者」ととらえられます。保育者は、その保護者が新しい育児の行動を知り、不幸の連鎖を断ち切る支援ができる立場にあります。その支援を相手に届かせるためには、専門職としての態度と、知識・技術が必要です。

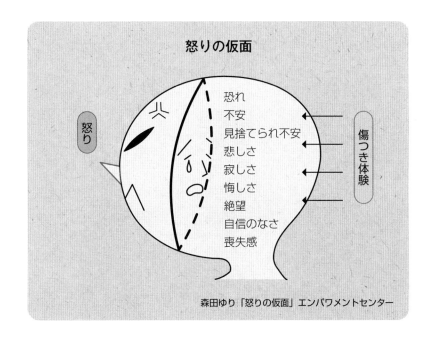

怒りの仮面

怒り

恐れ
不安
見捨てられ不安
悲しさ
寂しさ
悔しさ
絶望
自信のなさ
喪失感

傷つき体験

森田ゆり「怒りの仮面」エンパワメントセンター

(1) 卯城ひさゑ『格差と貧困、保育所に見る親と子の暮らし』全国保育団体連絡会・保育研究所編『保育白書2007』ちいさいなかま社、2007
(2) A・S・ニイル『新訳 ニイル選集〈1〉問題の子ども』黎明書房、1995
(3) 森田ゆり『新・子どもの虐待―生きる力が侵されるとき』岩波書店、2004

③ 専門職の観点から

（1）専門職は根拠に基づいて行為する

　保育者に専門性に基づく関わりが必要な理由の三つ目は、保育者は教育と福祉の専門職であるからです。

　対人援助専門職の専門性を研究するシーフォーらは、専門職と非専門職の違いについて次のように説明します[1]。専門職は、専門知識に基づいて行動を決めます。客観的で状況のなかの事実に基づいて意志決定をします。それに対して非専門職は、所属機関の規則や決まり、あるいは自分の意見や好みで行動を決めます。

　たとえば、専門職として仕事をする保育者は、専門知識を常に学び、目の前の子どもや保護者に合わせて行動しようとします。原則があるため、自分の好き嫌いやメソッドに振り回されません。その時々の状況に合わせて柔軟に対応しようとするため、経験豊かなベテランであっても常に悩みが生じます。そのため優れた実践者はとても謙虚であり、学び続けています。

　非専門職の仕事のやり方をする保育者は、「私はこう思う」、「今までこうやってきたから」、「園ではこう決まっているから」というような主観や経験で関わりを決めます。自分の考えや経験で行動を決める保育者は、相手や状況に合わせる必要性がないため、悩むこともなく自信をもって保育を行うことができます。悩みがないために、本を読み研修に参加する必要性も感じません。

　時代も状況も変化します。専門職は、自分の専門性を自ら高め続けます。

専門職はお互いに情報を共有しあう

（2）複雑な状況に対応するためには原則が不可欠

　保育者と子どもや保護者との関わりは、相手や状況が常に変わります。教育はマニュアル化しにくい複雑な職務であるため、教育や保育の現場では直感や経験が重視されがちです。

　しかし、直観と経験のみで行う職務は、言語化や共有化が不可能です。もしも保育者が経験と勘だけに頼る職人であれば、養成課程や資格・免許も不要となってしまいます。

　保育者の関わりには、判断の基準となる原則的な理論と、状況に応じた直感の両方が必要です。保育は複雑な状況のなかで、一人で判断しなければならないときが多くあります。また瞬間的に判断し行動することが必要な場面ばかりです。

　このような職務であるからこそ、判断の基準となる原則（理論）と、共有化できる詳細な情報（専門知識）が必要です。

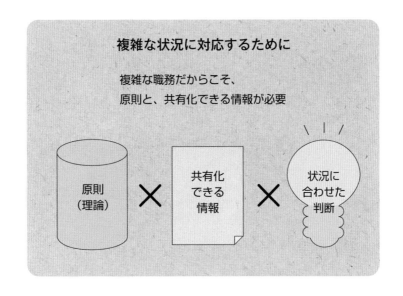

　「何のために関わるのか」、「何を大切にしながら関わるのか」といった関わりの原則は、保育者にとって背骨のような役割を果たします。人間はしっかりとした背骨があることで、より柔軟な動きができます。複雑な実践においても、原則という理論的な背骨をもつことで、相手と状況に合わせた、より柔軟な実践を行いやすくなると考えられます。

⑴ BW Sheafor, CR Horejsi Techniques and Guidelines for Social Work Practice. 2003

（３）省察し向上するためには専門知識が不可欠

　保育者は、反省的実践家または省察的実践家と言われます [1]。しかし、自らの実践を振り返るときに、専門知識という判断基準がなければ、自分の感覚や考えで振り返るだけで終わり、実践をよりよく変えることはできません。チームで振り返るときも同じです。学びの文化がない組織では、古い知識やそれぞれの経験で判断するため、妥当な振り返りを行うことができません。

　個人でもチームでも、専門知識という根拠のない実践は、はい回るだけの経験主義や、硬直したノウハウ至上主義に陥る可能性があります。反対に、実践をふり返るたびに専門知識が加われば、専門性は着実に積みあがると考えられます。

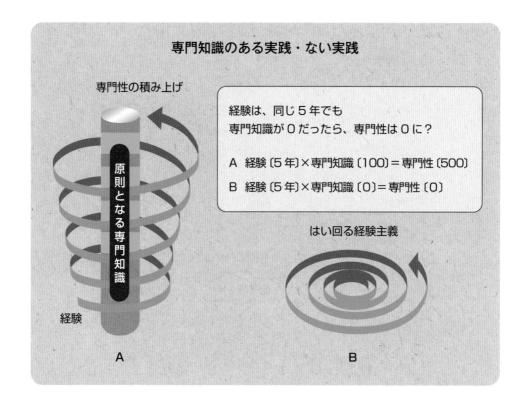

これまで子どもとの関わりは、個人の資質と経験で行う行為と考えられてきました。個人の人間性は、短期間では変わりません。しかし専門職としての知識や技術を身につけた保育者は、質の高い関わりができます。

　職務として、日々他者の幸福に尽くし、ていねいな言葉と行動を続けることで、自分自身の人間性も磨くことができるでしょう。

(1)　ドナルド・ショーン『専門家の知恵—反省的実践家は行為しながら考える』佐藤学、秋田喜代美訳、ゆみる出版、2001、またドナルド・A. ショーン『省察的実践とは何か—プロフェッショナルの行為と思考』柳沢昌一、三輪建二訳、鳳書房、2007

（4）言語化によって関わりの質を保証できる

　保育の実践では技術よりも感性の部分を強調され、マニュアルやガイドライン、メソッド等 を使用することへの根強い批判があります。

　確かに、マニュアルやメソッドを「理想」や「正解」ととらえると、「こうしなければならない」と思い込むことや、「自分はうまくできていない」と自分を責めるために使ってしまうというデメリットがあります。

　一方、メリットとしては、どのような保育者でも、一定の質を保つことができるという点があります。とくに離乳食や排せつの介助は、個人の資質や直観で行うことができる行為ではありません。

　実践は言語化することで他者と共有できます。デメリットはふまえつつも、文字や映像を活用して情報を共有することは、子どもを傷つける関わりを防止し、関わりの最低限度の質を保証する方法の一つだと考えられます。

　初心者は真似から始めますが、専門性が高まるにつれて、知識や技術を目の前の相手に合わせて柔軟に応用することができるようになります。本書も含め、様々な理論は、実践に活用するためのツールの一つにすぎません。

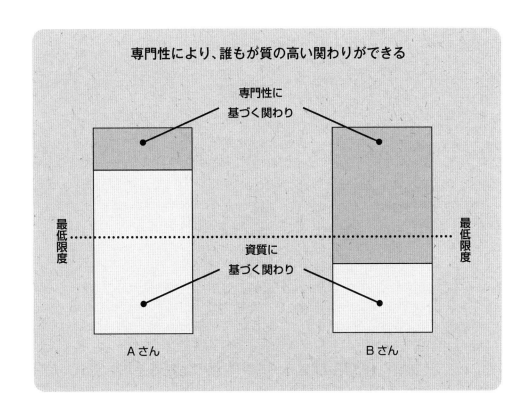

第2章

関わりの原則
子どもでも、保護者でも、同僚でも、実習生でも

　この章では、はじめに、保育者の関わりに影響を与えると考えられる人間観・支援観・価値観について説明します。

　人間観とは、人間をどのような存在ととらえているかです。とらえる相手によって、「子ども観」「保護者観」「同僚観」とも言い換えることができます。相手をどのように理解するかは、支援の内容や評価に影響を与えます。支援観は、支援の目的・目標や役割をどのようにとらえているかです。価値観は、プロセスでどのようなことを大切に考えているかです[(1)]。

　たとえば、主体性に価値をおき、子どもを生活の主人公にして保育を行う保育者は、保護者に対しても、保護者自身を子育ての主役と考え、保護者が経験の中で学びながら自然に親としての力を獲得できる環境を考えようとするでしょう。実習生や後輩に対しても同じです。人間観、支援観、価値観は、相手にかかわらず、保育者の関わりに共通して現れると考えられます。

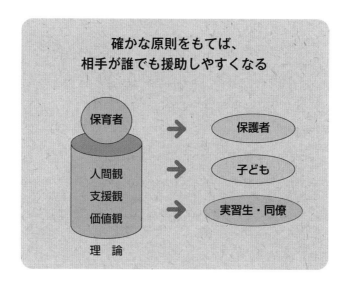

次に、保育者の姿勢と態度についての三層の構造と、関わりの5つの基本を紹介します。これらは、複数の保育者へのインタビュー内容を類型化し、ヒアリングを重ねて言葉を精選したものです。

　最後に、保育者が関わりのなかで抱える矛盾について補足します。

① 人間観～人間をどんな存在として見るか

（1）ソーシャルワークの人間観に学ぶ

　保育者の人間観、人をどのような存在として見ているか、これは子どもや保護者へのまなざしに影響を与えます。対人援助の専門職として理解しておきたい専門知識をいくつか紹介します。

　一つ目は、福祉の専門職であるソーシャルワーカーの人間観です[2]。ソーシャルワーカーが対象とする人は、赤ちゃんから高齢者まで様々な年齢です。言葉が話せても話せなくても、人間としての尊厳を尊重した関わりをもとうとします。

ソーシャルワークの人間に対する考え方

1　あるがままのその人でOK
2　社会の主人公
3　誰しも生活の主人公
4　誰しも一人前
5　お互いに対等
6　相互依存
7　弱い存在
8　プロシューマー
9　多様な役割とその調和
10　多様な生活者の立場とその調和
11　変化し、成長する
12　状況によって変化する

(1) 参考：秋山智久『社会福祉実践論—方法原理・専門職・価値観 改訂版』ミネルヴァ書房、2005、杉本敏夫・住友雄資『新しいソーシャルワーク—社会福祉援助技術入門 改訂』中央法規出版、2006
(2) 岩田康夫「新しい社会福祉援助技術の基本的枠組みを求めて」松本眞一編著『現代社会福祉論』ミネルヴァ書房、1998

福祉の人間へのまなざしは、とてもあたたかです。人間は弱い存在であり、互いに支援しあっているととらえます。人は、それぞれが異なる固有の人生を生きています。誰もその代わりをすることはできません。

　どんなに問題のある親のように見えても、その子どもにとってはかけがえのない母親・父親です。誰もが自分の人生と生活の主人公であり、誰もがその人なりに自分の生活をつくっています。

　また人の役割は固定したものではなく、支援の受け手であると同時に与え手にもなります（プロシューマー）。人はそれぞれが多様な役割をもっており、それらの調和で成り立っています。人は、たえず変化し成長する存在であり、状況によって変わるととらえます。

　この福祉専門職の人間観を、保育士も幼稚園教諭も共有することで、子どもや保護者との関わりは、肩の力が抜けたものになるのではないでしょうか。大人であっても、完璧な親などいないし、それを目指す必要はない、私たちは助けあって補いあってお互いさま、少しずつ成長していくものだと考えると、ずっと気持ちが楽になるかもしれません。

（2）自分の見方によって相手の見え方が変わる

　その人がどんな人か、それを判断しているのは、私たち自身です。

　たとえば、「子どもを厳しく叱ってしまう」と悩む親から相談を受けた二人の保育者がいるとします。人は育ちや過去の経験によって行動すると考える保育者は、この人は虐待されたからわが子にも厳しい親になったと思い、話を聞くことだけで終わるか

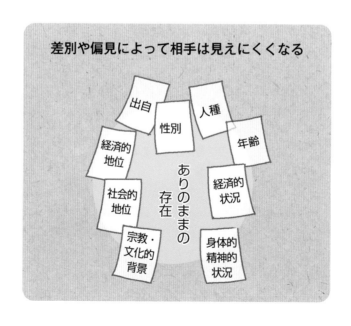

もしれません。しかし、人間は状況によって変わる存在であり、大人でも新しい行動を学習することができると考える保育者は、その保護者はきっと変わることができるだろうと期待を寄せ、保護者が親として成長できる機会を準備するかもしれません。

　相手は同じ人でも、その保育者の人間観によって違う人に見え、また未来に対しての予測も異なります。

　私たちは、自分のフィルターを通して相手を理解しています。自分の心のメガネが汚れていれば相手は汚れて見え、透き通っていればありのままの相手が見えます。

（3）場により状況によって変わる存在

　その人がもつ力量の発揮は、場に制限を受け、その人の評価は、周囲の人によっても変わります。周囲から悪意や偏見のまなざしで見られている保護者は、本来もつ力を発揮できません。

　子どもも同様です。創造力が豊かな子どもは、保育者の指示に従って同じ作品をつくる工作では、指示に従わない子どもと見られてしまうことがあります。しかし、たっぷりとした時間の流れとオープンエンドの活動では、その子どもは創造性を発揮して高い評価を受けるかもしれません。

　また人は、一人の人が複数の役割をもっています。園で忘れ物が多いと評判の保護者が、職場では信頼されるリーダーであったりします。それぞれが異なる場で多様な役割を果たし、補いあい、助けあって、私たちの社会は成り立っています。

　子どもも保護者も、園では、保育者に合わせてくれています。自分が見ている子どもや保護者の姿は、その人の一部にすぎません。保育者が、自分は園での子どもの姿しか理解していないと謙虚に考えるか、子どもと長い時間一緒にいるのだから、その子どものことを一番よく理解していると過信するかによって、子どもとの関わり方も、保護者への対応も、変わってくることでしょう。

（4）人の心は環境に開かれ常に変化している

　最新の心理学では、人は環境と切り離すことができず、環境に開かれた存在であると考えられています。確固たる心が環境から独立して存在するというより、心は環境によって引き出され、その行動も環境によって変化すると考えられるようになりました。

　心は環境に開かれています。心は、川の流れのように流動的と考えられます。大雨が降れば川の水は濁ります。工場の排水がたくさん流れ込む川は、汚れています。しかし、排水をせき止め、きれいな水が流れ込むようになれば、きれいな流れに変わり

ます。自己中心的で非常識に見える保護者がいたとしても、その人は借金に追われて昼も夜も働き、睡眠も十分にとれない状況のなかでそうなっているのかもしれません。その人の姿は、今の状況のなかで生じているものであり、状況が変わり、周囲のまなざしや関わりが変わることで、その人は変わると考えることができます。

　子どもの感情や行動も、生まれもった構造的な器質と、家庭・園・地域・映像メディアといった外的な環境、そして食事や睡眠、運動や飲んでいる薬といった生理的な環境が相まって生じます。最近では、遺伝子のような構造的な器質も、生理的・外的な環境によって変化することが明らかになっています [1]。問題の行動の背景に、「親の愛情不足」以外の様々な生活背景を想定できると、その子どもに合った関わりを発見することができます。

　保育者は、「心理」を専門に扱うカウンセラーではありません。子どもや保護者の生活全体に目を向け、生活のなかから課題をとらえ、生活をまるごと支援する方法をとることができます。

（5）違う能力をもち補いあって生きる

　私たちの社会は、それぞれ違う能力をもった人が多様な役割を果たし、その調和で成り立っています。黙々と物をつくる無口な職人、細かなミスを発見できる校正者、危険をかえりみない勇敢な消防士、沈着冷静な外科医、自然と対話をする感受性豊かな詩人など。保育者は、保育者とは違う職業に就き、違う人生を生きていく子どもたちを保育します。また、自分とは異なる過去をもち自分とは違う生活を生きている保

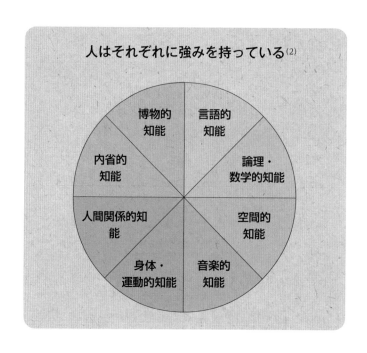

人はそれぞれに強みを持っている[2]

博物的知能　言語的知能　内省的知能　論理・数学的知能　人間関係的知能　空間的知能　身体・運動的知能　音楽的知能

護者を支援します。

　ペーパーテストで測ることができる能力だけではなく、人間には多様な能力があることを説明した人がガードナーです[2]。ガードナーは、人間には音楽や表現、運動、自然等、ペーパーテストでは測ることができない様々な能力があるというマルチ能力理論を提唱します。それぞれの能力は、どれも伸ばすことができますが、人には得意・不得意があります。

　乳幼児期には、優れた能力は問題行動として現れることもあります。たとえば感受性の豊かな子どもは集団行動を避けるなどです。保育者の役割は、それぞれの子どもの強みを把握しようとし、それが伸ばせるような環境づくりと関わりを行うことです。

② 支援の目的と価値

（1）保育は、幸福追求を支援する仕事

　保育所は、子どもの健全な心身の発達を図ることを目的とする児童福祉施設です。「保育所保育指針」には「入所する子どもの最善の利益を考慮し、その福祉を積極的に増進することに最もふさわしい生活の場でなければならない」と示されています。

　福祉は、すべての人が必要としているものです。福祉という言葉は広い意味で幸福を指します。専門職はそれぞれの人が、その人がもっている能力を使ってその人らし

保育者は、子どもの今と未来の幸せを支えている

(1) 鵜木元香『生まれつきの女王蜂はいない―DNA だけでは決まらない遺伝子の使い道』講談社、2016
(2) ハワード・ガードナー『MI：個性を生かす多重知能の理論』松村暢隆訳、新曜社、2001

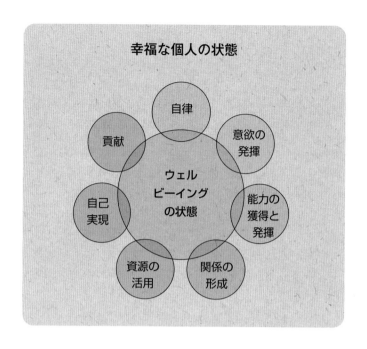

幸福な個人の状態

自律

意欲の
発揮

貢献

ウェル
ビーイング
の状態

能力の
獲得と
発揮

自己
実現

資源の
活用

関係の
形成

く幸せに生きること（ウェルビーイング well-being）を支援します。

　このウェルビーイングの状態は、プレゼントをもらって喜ぶような状態とは異なります。また何も悩みや苦しみがなく楽しくニコニコしている状態でもありません。トラブルもなく、病気もケガもしない人生は、想像の世界であり、現実的ではありません。人が生きる上では、様々な苦しみがつきものです。ウェルビーイングの状態は、それぞれがそれぞれの場で、病気や様々な悩みを抱えながらも、そのような苦しみとつきあい、助けあいながら乗り越え、その人なりの能力を使っていきいきと生きている状態だと考えられています [1]。

　「保育所保育指針」には、保育の目的を「子どもが現在を最も良く生き、望ましい未来をつくり出す力の基礎を培うために」行うことと示されています。乳幼児期の保育は、子どもたちの生涯の人格形成の土台です。保育者は、子どもたちが今も幸せであると同時に、これからの人生で幸せをつくりだしていけるように関わりをもちます。

（2）保育者は社会全体の幸福のために働く専門職

　人々の幸福を支援するために福祉の専門職が大切にする価値には、人間の尊厳の尊重と社会正義の実現があります [2]。それぞれの人を尊重し、差別や貧困、抑圧、排除、暴力、環境破壊などのない、自由、平等、共生に基づく社会の実現を目指すこと。このような価値観 [3] は、保育士にも幼稚園教諭にも必要だと考えられます。

　教育基本法の第一条にも、教育の目的を「教育は、人格の完成を目指し、平和で民主的な国家及び社会の形成者として必要な資質を備えた心身ともに健康な国民の育成

を期して行われなければならない」と示されています。

　保育者の関わりは、子どもたちがこれから出会う人とどのように関わるか、子どもたちがどのような社会をつくるかにつながっています。子どもたちが、将来、自分とは考えや行動が異なる人と対話をし、あたたかく平和な社会をつくるためには、まず保育者が、子どもの多様な考えを受け入れ、対話ができる民主的な雰囲気を保育の場につくることです。

（3）関わりの目標と価値

　目標は、抽象的な目的を具体化したものです。

　保育者が保育を行い、保護者を支援する目標は、その人自身の知識、スキル、人的ネットワーク、資源の活用能力などを高めて、支援が不要になることです。その目標を実現するためには、主体性の尊重、協働、相手の力量形成を促すことの重視が欠かせません。

　保育者と、子どもや保護者とは、経験や知識の差が大きいために、自然な状態では、「支援する―支援される」といった非対称の関係になりがちです。しかし何かをしてあげる支援ばかりでは、相手が力を獲得できません。

　保育者は日頃から、どんなに幼い赤ちゃんであっても、かけがえのない存在であると考え、一人の人間として相手を尊重するように努めています。保育で子どもの主体性を尊重している保育者は、保護者に対する子育ての支援でも、その家庭の暮らし方や価値を大切にし、保護者の主体性と自己決定を尊重する手段を探すことができるでしょう。

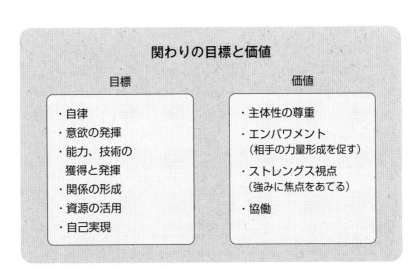

（1）北島英治、副田あけみ、高橋重宏、渡部律子編『ソーシャルワーク実践の基礎理論（社会福祉基礎シリーズ）』有斐閣、2002
（2）日本社会福祉士会編『改訂 社会福祉士の倫理―倫理綱領実践ガイドブック』中央法規出版、2009
（3）北島英治、副田あけみ、高橋重宏、渡部律子編『ソーシャルワーク実践の基礎理論（社会福祉基礎シリーズ）』有斐閣、2002

（4）エンパワメント・ストレングス視点

　相手の成長を支えたいと心から望む保育者は、エンパワメントとストレングス視点の二つを価値としてもつことで、その支援が相手に届きやすくなります。

　エンパワメント（empowerment）は、その人が本来もっている力を発揮できるように、側面的に支援することを指します。森田ゆりは、エンパワメントのアプローチは、「今のあなたはまだ十分でないから一所懸命がんばりなさい」と元気づけるのではなく、「今のあなたのままでいいんだよ」、「今のあなたのすばらしさ、パワーを信じればいいんだよ」と、その人の個性と可能性を引き出すことであると説明します [1]。その人が本来もっている力を発揮できない原因が環境にある場合には、その環境を改善することで力の発揮を助けます。

　エンパワメントの具体的な方法には、図のような、多様な方法が考えられます [2]。

　ストレングス視点（strengths perspective）も同様であり、支援する者が、相手の弱さや欠点を直そうとする傾向を改め、その人のもつ強み（ストレングス）に着目して、そこに光を当てるアプローチです。（pp.43-45 に、詳しく解説があります）

エンパワメントの方法

その人の持つ能力を信頼する	その人の価値観と捉え方を受容する	行動の選択肢をつくり、自己決定を促す
体験と学びの場をつくる	仲間を得られるようにする	周囲の資源を活用できるようにする
必要としている情報を得られるようにする	必要としている技能を習得できるようにする	環境の変革に一緒に取り組む
力を発揮できるように環境を変える	その人に無力感を与えている原因に気づかせる	自分の力に気づき、自信を回復できるようにする

（5）目的に立ち戻るには「何のため」と問うこと

　目的は、「何のために」を指します。「何のため」と問うことで保育と子育て支援の目的に立ち戻ることができます。

　保育や保護者の支援は、相手が自分よりも知識や経験が少なく弱い立場にあるため、相手に何かを与えて支援する側が満足を得る、そういったパターンに陥りやすいものです。祖父母が、孫を喜ばせるためにお菓子やおもちゃを次々に買い与えることがあります。相手に何かをしてあげたい、喜ばせたいという気持ちは、関わる側の欲求です。施し型のサービスは相手を一時的に喜ばせます。しかし長い目で見ると、相手の力量形成や自立にはつながらず、本当の支援にならない場合もあります。

　何のためにその保育をしているのか、なぜその活動なのか、なぜその行事なのか、このように保育者同士で問いかけあうと、保育と子育て支援の意図や思いを言葉にすることができます。「何のため」の問いは、子どもや保護者にとって本当に必要なことを行っているのか、本当に子どもや保護者の生涯の幸せに通じるのか、本質的な振り返りにつながります。

　子どもの保育も保護者の支援も、相手の年齢や状況は異なっていても、今と未来の幸福という目的を目指し、専門職としての価値に基づいて支援を行えば、基本的な姿勢や態度は、共通点が増えてくるのではないでしょうか。

保育者の関わりは何のために

(1) 森田ゆり『新・子どもの虐待―生きる力が侵されるとき』岩波書店、2004
(2) 以下を参考に高山作成。安梅勅江『エンパワメントのケア科学―当事者主体チームワーク・ケアの技法』医歯薬出版、2004、杉本敏夫・住友雄資『新しいソーシャルワーク―社会福祉援助技術入門 改訂』中央法規出版、2006、『痴呆予防のすすめ方―ファシリテートの理論・技法とその事例』矢富直美監修、杉山美香編、真興交易医書出版部、2003

③ 保育者の姿勢と態度

（1）相手が子どもでも保護者でも実習生でも共通する姿勢と態度

　保育者の関わりは複雑です。複雑な関わりを構造としてとらえるために、三つの層に分けました。姿勢は心構えであり、態度は行動を指します。これらは、相手が子どもでも、大人でも、同僚でも実習生でも、共通して活用できる姿勢と態度です。

　一つ目の層は、どの仕事においても職務を遂行する上で大切な力量です。二つ目の層は、対人援助の専門職として専門職倫理に基づく姿勢と態度です。医師や看護師、社会福祉士等でも同様に必要な姿勢と態度です。三つ目の層が、保育者としての姿勢と態度です。

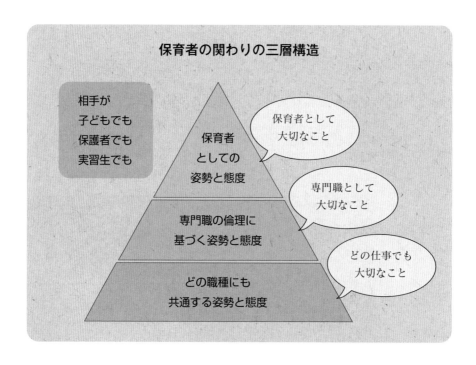

（2）どの仕事でも職務を遂行する上で必要な姿勢と態度

　根底の姿勢と態度に参考になるものとして、どの国でも、どんな仕事についても、職場でも家庭でも地域でも、自分と周囲の幸福に貢献する力量が研究されています。この力量は、OECD の DECECO（デセコ）研究プロジェクトによって明らかになったもので、キー・コンピテンシーと呼ばれています [1]。国が違っても、どんな仕事でも、家庭でも地域でも、自分も幸福に社会にも貢献できる人がもつ力量を研究したもので

どの職務にも共通する姿勢と態度 (1)

①自律的に活動する

②異質な集団で交流する

③相互作用的に道具を用いる

キー・コンピテンシー

す。その力量は3つにまとめられました。それは、①自律的に活動する、②異質な集団で交流する、③相互作用的に道具を用いる、の三点です [1]。これらはそのまま姿勢と態度としても援用可能であると考えられます。

　自分で目標を立てて自律的に行動ができる人、価値観や考えが違う人とも一緒に仕事を進められる人、知識や技術といった道具をコミュニケーションとして用い、相手や状況に合わせて柔軟に行動できる人、そういった人はどの職場にも「いてほしい人」だと考えられます。反対に、言われたことしかしない人、気の合わない人とは一緒に仕事ができない人、状況に合わせず柔軟性が著^{いちじる}しく低い態度の人は、どこの職場でも困ります。

（3）専門職の倫理に基づく姿勢と態度

　保育者は、乳幼児と高い福祉ニーズをもつ保護者など、社会的な弱者を職務の対象とします。そのため看護師や社会福祉士等と同様に、専門職として倫理に基づく態度が不可欠です。

　保育所・乳児院の保育士、認定こども園の保育教諭、幼稚園教諭に共通する倫理の範囲と責任には、以下の4つが考えられます。一つ目は、子どもや保護者等の利用者に対する倫理責任です。二つ目は、同僚と職場に対する倫理責任です。三つ目は、社会に対する倫理責任です。四つ目は、専門職としての倫理責任です。社会福祉士、看護師等の倫理綱領を参考として作成した具体的な行動は、次ページの表の通りです。

　このような倫理責任をふまえ、関わりで重視される専門職としての姿勢と態度としては、以下の三つが考えられます。①事実と根拠（専門知識）に基づいて判断し行動すること。②公正であり専門職倫理に基づいて専門的な関係をもつこと、③人権侵害を行わないことです。

(1) ドミニク・S. ライチェン、ローラ・H. サルガニク『キー・コンピテンシー──国際標準の学力をめざして』明石書店、2006

倫理の範囲と倫理責任の例

倫理の範囲	専門職としての行為の例	専門職として ふさわしくない行為の例
利用者に対する倫理責任	人権を尊重する。 公平に接する。 事実と専門知識に基づいて判断する。 専門的な関係をもち、相手の感情や態度に振り回されない。 守秘義務を守る（保育、著作、研究等）。情報共有は適切な判断に基づいて行う。 主体的であり、自発的に行動する。 相手の主体性を尊重し、自己決定を促す。	体罰、暴言、セクハラ等の人権侵害行為を行う。 偏見をもち、好き嫌いで態度を変えるなどの感情的で差別的な行動をする。 主観と、組織の都合で判断する。 自分がやりたいことや、自分が相手にしてあげたいことを行動の基準にする。 相手と距離感をもてず、相手の感情や態度に振り回される。 求められたとき、問題が発生したときに行動する。
同僚と職場に対する倫理責任	目的のために連携し、協力しあう。 情報を共有する。 組織のルールを大切にしようとする。 職務上知り得た情報を外部へもらさない。	感情的な好き嫌いを表面に出し、嫌いな人とは協力しない。 同僚に悪口や噂を言い関係を壊すなど、チームワークを乱す行動をする。 園の備品や物品を私物化する。 許可なく、同僚や園の情報を公表する。
社会に対する倫理責任	子どもと保護者の真のニーズを代弁する。 地域の子どもが育つ環境、子どもを育てる環境づくりに努める。	社会的な信用を失う行為を行う。
専門職としての倫理責任	専門職としての実践を行い、社会的信用を高める。 専門書を読んで自己研さんを行い、研修に参加し専門性の向上を図る。 研究を行う際には、守秘義務や著作権等、研究の倫理を遵守する。	研修への参加や自己研さんを行わない。 同僚や組織の人権侵害行為を見聞きしても相談や通告を行わない。 著作権で保護されたものを広く印刷配布する。

（4）相手を主体者として捉える保育者としての姿勢と態度

　相手が子どもでも保護者でも実習生でも、その人がその人自身の行動の主体であり、人生の主人公です。その代わりは誰もいません。保育者は、相手の年齢や能力、状況に関わらず、その人自身の主体性の発揮を支えます。

　相手が、体が小さい、未熟であり知識が少ない、立場が弱いなど、相手が自分よりも弱い場合には、相手の思いには関心を向けずに、つい自分が何かをしてあげる、教えるような一方的な指導が中心になりがちです（図の左側）。

　このような一方的な指導がすぎると、子どもは受け身になり、自分で考えて行動することをしなくなります。保護者は子育て支援で「お客様あつかい」を受けるうちに、専門家に子育てを任せるようになります。

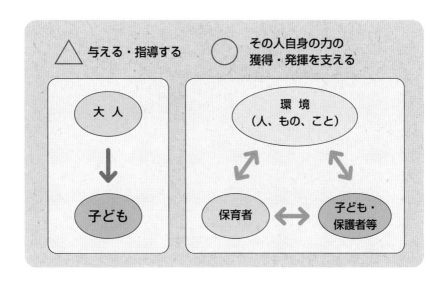

　主体性を尊重する関わりは、三項関係が基本です（図の右側）。保育者は、相手を自ら学び成長する存在と捉えます。三項関係の関わりでは、保育者は相手の思いに同じように関心を向けます。そしてその成長を支える環境をつくり、必要な関わりを行います。三項関係の関わりの場では、保育者も子どもも、自分で決めて動き、自分から関わる主体性の発揮が必要です。

　このような主体性を尊重する姿勢と態度は、相手が子どもでも保護者でも、実習生であっても同じです。

（5）主体性の発揮を支える保育者としての姿勢と態度

　人はどんなときに、自分が本来もつ力を発揮できるのでしょうか。
　学習心理学の動機づけ理論の一つである自己決定理論では、①自律性（自分でできる、自分で行動が選べること）、②有能感（うまくできるという感覚や自信）、③関係性（大切にされている感情、他者とつながっている感覚）の三つの根源的な欲求が満たされるときに、内発的に動機づけられ、能力を発揮できると考えられています[1]。

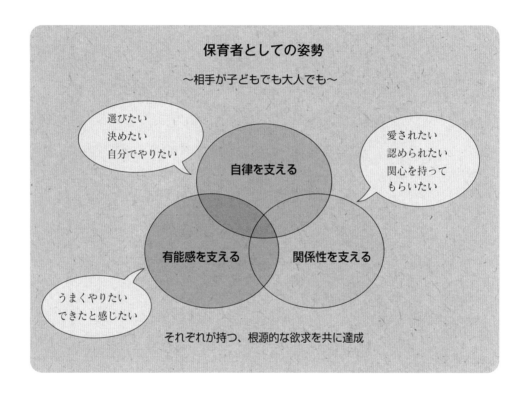

　つまり、自分は愛されている、自分で決められる、自分はうまくやれるといった実感をもっているときに、人は内側から力がわいてくるということです。その自律性、有能感、関係性を支える視点から、保育者の関わりを分けたものが、次ページの図になります。
　保育者は、待つことや見守ることを重視しますが、それは、相手の自律性も、有能感も尊重する行動となります。多くの保育者が関わりで意識していることとして、肯定的な表情である笑顔、受容や共感をあげました。高い評価を受けているごく一部の保育者があげた行動には、「相手の感情や考え、能力や価値観を汲み取ろうとする」、「協働する」、「自分で選び、決め、行動できるようにする」がありました。

保育者としての態度

〜相手が子どもでも大人でも〜

自律を支える

保育者の行動

・相手を信じる
・相手に期待を寄せる
・未来を志向する
・成長する存在としてとらえる
・自分で選び、決めて、行動できるようにする

有能感を支える

保育者の行動

・相手を信じる
・協働する
・エンパワメント（相手の力量の獲得と発揮）を促す
・承認欲求（肯定されたいという欲求）に応える
・応答的に関わる
・待つ、見守る

関係性を支える

保育者の行動

・肯定的な表情、姿勢、言葉を使う
・相手を尊重し、受容、共感する
・相手の感情や考え、能力や価値観をくみ取ろうとする
・つながりを支える

　保育者に賛否両論があった関わりは、「ほめる」行動でした。「子どもをほめるようにしている」という保育者が多い一方で、「子どもをむやみにほめないようにしている」という保育者もいました。相手の強みに焦点化するストレングス視点をもつことや、ポジティブな態度には異論がなくても、「ほめる」という行動に対しては意見が分かれます。研究でも、ほめることの影響は良い点ばかりではありません。そのため、「ほめる」とは示さずに、「承認欲求（肯定されたいという欲求）に応える」としました。

⑴ Deci, E. L., & Ryan, R. M. (2000). The "what" and "why" of goal pursuits: Human needs and the self-determination of behavior. Psychological Inquiry, 11. 図は、これを参考に高山が作成。

④ 関わりの5つの基本

　「保育者の関わりの基本」としては、①ポジティブな態度、②主体性を尊重し自己決定を促す態度、③相手に合わせた応答的で柔軟な態度、④客観的で公平な態度、⑤自律的で主体的な態度、の5つをあげることができます。図は、前述した三層の保育者の姿勢と態度を、わかりやすく5つのポイントにまとめたものです。

関わりの5つの基本

① ポジティブな態度

肯定的な表情（笑顔）、姿勢、言葉を基本とすること。
未来志向であり、相手に期待を寄せること。

② 主体性を尊重し自己決定を促す態度

相手を信じて待つこと。
相手の価値や考えを知ろうとし、それを受け止めること。

③ 相手に合わせた応答的で柔軟な態度

相手や状況に応じた柔軟な態度。
相手の立場で考え応答的に関わること。

④ 客観的で公平な態度

公正であり倫理観と専門知識に基づいて行動すること。
好き嫌いで態度を変えるなどの感情的で差別的な行動がないこと。

⑤ 自律的で主体的な態度

協働的であること。自発的に援助や指導を行うこと。
相手の感情や態度に振り回されないこと。

「保育者の関わりの基本」は、ソーシャルワーカーが用いるバイスティックの7原則 [1] と重なる部分もあります。しかし、保育者は、ニュートラルな表情（無表情）よりも笑顔であることを意識し、より肯定的であろうとしている点が特徴的です。

　保育者は、子どもの集団を対象として、遊びや生活の場面で関わります。保護者の支援も、朝夕の複雑な状況のなかで、相手が問題を自覚していないときから支援を行います。そのため自分から相手に働きかける自律的で主体的な態度や、公平な態度のような集団を意識した態度も特徴的といえます。

⑤　保育者が抱える関わりの矛盾

　関わりの矛盾の一つ目は、相手と関わることと、関わらないことです。人を支援する際には関わりばかりではなく、関わらないことも支援になります。たとえば関心を外す、見て見ぬふりをする、気づかれないように見守るなどです。関わることは大切ですが、直接関わらないことが必要になる場面もあります。

　関わりの矛盾の二つ目は、相手を対象化することと、境界をなくした共感や協働との矛盾があります。専門職として他者を支援するときには、相手と距離を保ち、客観的な視点で相手を対象化することが欠かせません。しかし日頃の保育でも、保育者は冷静に安全を見守りながらも、子どもと一緒になって楽しく遊びます。保護者の子育て支援でも、対象化して支援することと、共感し協働して問題を解決することの両方を行います。

　関わりの矛盾の三つ目は、自分と相手の矛盾です。相手は自分ではないため、誤解もつきものです。他者を完璧に理解することは不可能ですし、他者から誤解されることがない人はいません。関わりには、修正や修復がつきものです。保育者は他者を支援する仕事ですが、人生はその人自身のものです。他者の人生を、保育者が背負う必要はありません。「自分にできることをできるだけ行うこと」と同時に、「できないことをあきらめる姿勢」も必要です。

　これらの矛盾を乗り越えるには、相手や状況に合わせて「ちょうど良い」関わりを探すことです。保育者は対人援助の専門職です。その職務では、いい意味でのいい加減さと「スルー力（気にしない力）」 [2] も必要です。

(1) バイスティックの援助原則とは、①個別化、②意図的な感情表出、③統制された情緒関与、④受容、⑤非審判的態度、⑥自己決定、⑦秘密保持の7つを指す。
　Biestek, F. P. 『The Casework Relationship』 Allen and Unwin. 尾崎新他訳『ケースワークの原則—援助関係を形成する技法 新訳版』誠信書房、1996
(2) 渡辺奈都子『人間関係をしなやかにするたったひとつのルール—はじめての選択理論』ディスカヴァー・トゥエンティワン、2012

第2部　実践編

第1章

大人と子どもに共通する関わりの技術

① 肯定的（ポジティブ）な関わり

（1）肯定的（ポジティブ）な態度をもつ

　乳幼児は、保育者にあたたかく接してもらうことによって、自分は「人から愛される存在である」と知り、「他の人は信頼できる存在だ」と他者への信頼感をもつようになります。

　いつも、笑顔を子どもや保護者に向ける保育者は、笑顔で「あなたと会えてうれしい」、「あなたはそのままでいい」、「あなたは大切な存在だ」というメッセージを送っています。反対に、口角が下がり、いつも不愉快な顔をしている保育者は、子どもや保護者

ポジティブ／ネガティブな態度	
（表情・言葉・行動）	
ポジティブ・相手の存在を肯定	**ネガティブ・相手の存在を否定**
・笑顔、柔らかい姿勢等。 ・相手への関心を伝え、やる気を引き出す言葉や行動等。 ・明るく楽しい言葉を使う。 ・どうすればよいのか、具体的に伝える。 ・良い部分を、具体的に伝える。	・硬い表情、下がった口角、腕組み、見下ろすなど威圧的な態度。 ・脅し、あきれ、からかい、冷やかし、子ども同士の比較、否定的な感情の吐き出しなど相手の人格を否定し、やる気をなくさせる言葉の使用等。

に対して「あなたと会うのは不快」、「あなたはよくない」といったメッセージを送ることになります。

この肯定的な態度とは、相手の良い面に焦点化し、相手を変わることができる存在だととらえ、未来を志向することを指します。また、肯定的な表情や、姿勢、言葉を使うことを指しています。食事の場面で「いっぱい食べたね」と、ほめることは誰にでもできますが、「口を閉じて食べること」や「良くかむこと」、「良い姿勢で食べること」など、食事に必要なスキルを、一つひとつを肯定的に教え、楽しい食事の雰囲気をつくることは、まさにプロの仕事です。

反対に否定的（ネガティブ）な態度は、「あの子はいつもこうだし」、「あの親はこういう育ちをしているから」のように、過去にこだわり決めつける態度や、相手の人格を否定し、やる気を失わせる言葉や態度を指します。

相手を肯定する表情や姿勢、相手を否定する表情や姿勢として保育者があげたものを左ページの表にまとめました。

（2）ストレングス視点をもつ

肯定的（ポジティブ）な態度では、相手の良い面に焦点をあてます。これは精神福祉領域で注目されているストレングスモデルとも共通します。

ストレングスモデルでは、すべての人は目標や才能や自信を有しており、すべての環境には、資源や人材や機会が内在していると考えます。ストレングス視点は、相手がもっている強みに焦点を当てるまなざしです。ストレングス視点は、その人の強み、関係性、希望など、もっていることや、できていること、そして可能性に焦点化し、その人の豊かさを見いだす視点です[1]。

下の図のように、人間は、欠けのある図を見ると、どうしても欠けた部分に注目しやすい認知の特徴をもっているそうです。つまり、問題点や弱点、欠陥は、どうして

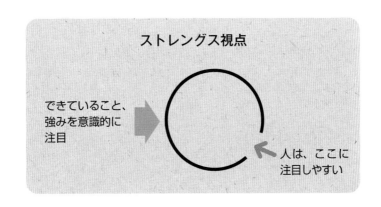

(1) チャールズ・A・ラップ他『ストレングスモデル─リカバリー志向の精神保健福祉サービス 第3版』金剛出版、2014

ストレングス視点で相手の見え方が変わる

も目につきやすいのです。そして欠けた部分に焦点を当てると、相手のできていることや強みには目が向きにくくなってしまいます。

　たとえば偏食がある子どもがいると、「好き嫌いが多い○○ちゃん」と、その子が食べないことに注目しやすくなり、保育者の興味や関心はその子が偏食を直すことに注がれます。そうなると、その子が大好きな遊びや、その子の得意なことには目を向けにくくなってしまいます。

　ストレングス視点は、その子どものできていること、強みに目を向けることです。暗い部分があるとついそこを明るくすることに力を注ぎがちですが、明るいところをもっと明るくすることで、暗いところがいつのまにか気にならなくなることもあるでしょう。

（3）自分の強みに焦点をあてる

　最もストレングス視点を必要としているのは、保育者が自分自身へ向けるまなざしです。

　狭い保育室での保育や、人数の多いクラスの保育、最低基準レベルの人員配置で行う保育など、厳しい条件のなかで保育を行う保育者は、（自分は子どもたちの気持ちを十分に受けいれることができない、自分は保育をうまくできない）と、不全感を味わいやすいものです。

自分のできていることにもっと注目

　記録や計画の時間が確保されていない保育所や認定こども園では、締め切りまでに書類の仕事が終わらずに、苦しむことも多いでしょう。本来、記録や計画作成時間が確保されていない中で、幼稚園と同様あるいはそれ以上の書類を作成すること自体に無理があります。原因は、保育の条件の悪さであっても、心優しく熱心な保育者ほど（自分の力不足だ）と、自分自身を責めてしまいがちです。

　保育者は、子どもたちや保護者に優しく接しようとする前に、まず自分に対して、あたたかなまなざしを向ける必要があります。毎日、鏡を見ては（今日もよく頑張ったね）と、自分を認めてほしいのです。仕事を辞めずに続けていることだけでも、素晴らしいことではないでしょうか。

　保育はチームで仕事をします。園全体のマネジメントを行う園長や主任が、一人ひとりの保育者の強みや頑張りを見つけて声をかけていくことは当然のことですが、保育者同士もお互いの頑張りや良さを認め相手に伝えることで、よりよいチームをつくることができます。

　保護者は、毎日の生活で手一杯で、保育者に心のなかで感謝をしていても、それを言葉で伝える保護者は少ないものです。真面目な保育者ほど、たった数人の保護者から言われた意見や、年に数回言われた苦情に心を奪われがちです。自分を責める状態に陥ってしまったときには、ストレングスモデルの図（p.43）を思い出し、自分は欠けたところに焦点をあてていないか、ちょっと離れた視点から自分を見直してみましょう。

（4）むやみにほめることの危険性

　肯定的な関わりは、むやみに「ほめる」こととは違います。その子どもの強みを見出して、具体的に言葉で伝えることは、「じょうず～」「すご～い」「いいね～」と連呼することとは異なるものです。

　大人は、子どもの行動をコントロールするためにほめることを使うことがあります。たとえば「誰が一番、お片づけが早いかな～」「うわあ～、○○ちゃんはお片づけがじょうずだねえ～」と、大声で全員に聞こえるようにほめるのは、子どもに望ましい行動をさせるために、ほめることを手段として使っています。これを繰り返すことにより子どもは「ほめられるために○○する」と他律的な姿勢を身につけてしまう可能性があります。また能力をほめられる子どもは、能力に関心を向けるために失敗をおそれ学習能力が下がるといった研究もあります[1]。

　子どもが、誰も見ていなくても、ほめられなくても、自発的に行動できるように、保育者はモデルを見せ「何のためにその行動が必要なのか」を、ていねいに伝えていきます。また、何でも「じょうず」「すごい」と言うよりも、「○○ちゃんはエプロンをていねいにたたんで片づけているね」と、その子どもの強みに注目して、具体的な良い行動を言葉にして伝える方が、専門家らしい言葉づかいです。

（5）人生の主役はその人自身

　肯定的な態度は、相手に焦点をあて、その人自身（子どもや保護者等）の意欲やスキルの獲得を促し、その人が本来もっている内発的な力の発揮を助ける態度です。

　保育者は子どもや保護者の幸福を願います。保育という職務は、相手の成長を心から願うため、相手に期待を抱くのは当然のことです。しかし、相手に期待を抱くことは、ときに、思いが伝わらない相手に対して怒りを感じることにもつながります。「どうしてわかってくれないの」と、変わらない相手に対して腹を立ててしまうのです。

　子どもであっても大人であっても、その人が、その人自身の生活と人生の主人公です。行動を決め変えることができるのはその人だけです。「他人と過去は変えられない、変えられるのは自分と未来だけ」と言われます。保育者の関わりは、専門職としての関わりです。保育者が変えることができるのは、自分の見方を変える、自分のアプローチの仕方を変える、自分が行える環境づくりを変えるなど「自分だけ」です。相手が変わるか変わらないかは相手の問題であり、それを自分の問題であるかのように考えないように、専門職としての姿勢を保ちます[2]。

2 相手を尊重し自己決定を促す関わり

（1）相手を尊重し自己決定を促す関わりの全体像

　保育では、「子どもの主体性を尊重する」、「子どもが生活の主役」など、日頃から子どもの主体性を大切にした支援を行っています。小さな赤ちゃんでも主体性を尊重している保育者にとっては、相手が保護者や実習生でも、その主体性を尊重することは、なじみのある行動です。

　相手を尊重し自己決定を促す態度には、①状況をつくること、②把握し理解すること、③よく聞くこと、④受容すること、⑤一緒に悩むことの5つがあります。自己決定を促す場合には、関わらないことも支援になります。相手が力を発揮できる環境を準備した上で、相手が戸惑い困っているときにはそばに寄り添い、ときに一緒に考えます。しかし相手が主体的に行動しているときには離れて見守ることや、相手を信じて待つことも、信頼にあふれた行動です。次の（2）～（6）で詳しく説明します。

年齢は違っても相手を尊重する関わり方は共通する

相手が
子どもでも

どうしたら
いいだろうね～

どんなやり方が
いいと思う？

相手が
実習生でも

(1) キャロル・S・ドゥエック『マインドセット―「やればできる！」の研究』草思社、2016
(2) 参考：渡辺奈都子『人間関係をしなやかにするたったひとつのルール―はじめての選択理論』ディスカヴァー・トゥエンティワン、2012

（2）状況をつくり自分で選び決められるようにすること

　相手を尊重し自己決定を促す技術の一つ目は、状況をつくる技術です。

　相手が幼児でも、保護者でも、実習生でも、行動を決めるのは、その人自身です。相手を変えようとする前に、保育者はまず自分を変えます。すなわち、自分の相手へのまなざしを変える、自分が行う環境構成を変える、自分が話す言葉や行動を変えることです。

　赤ちゃんや幼児は有能な学び手です。かっこよくなりたい、うまくなりたいという意欲にあふれています。そのため保育者が子どもにとって憧れの行動モデルになることが最も有効です。子どもに豊かな言葉を話してほしければ、保育者がまず豊かな言葉を使い、思いやりのある子どもになってほしいと願えば、子どもたちに対して思いやりをもった行動をすることです。

　子どもが自発的に行動し、自分で決められる人間になってほしいと願うのであれば、子どもへの信頼にあふれた保育をつくることです。子どもが安心して生活し、自分で行動できるような物的環境をつくり、指示をしたくなる気持ちを我慢して、子どもを信頼して待つようにします。

（3）相手に関心を向け考えや価値観等を知ろうとすること

　相手を尊重し、自己決定を促す技術の二つ目は、相手を把握する技術です。

　把握しないと相手の理解はできません。乳幼児を対象とした保育も、保護者の支援も、実習生の指導でも、まず相手の考えや価値観、生活を知ろうとし、理解しようとすることから始めます。相手を理解する際には、まず相手に関心を向けてよく見る、話をよく聞く、情報を集めるといった相手の把握を行います。

（4）応答的であり相手の話をよく聴くこと

　相手を尊重し自己決定を促す関わりの三つ目は、応答的であることです。会話はキャッチボールです。相手が投げたボールを受けとめてから、自分のボールを投げます。

　そのために、対人援助の専門職として、よく相手の話を聴くことも、保育者が身につけたい技術です。

　カウンセリングやコーチングでは、様々な聴き方の技術が整理されています。たとえば、相手の話を聴く際には、ゼロポジションで聴くと良いと言われます。相手のこと、会話の内容について、できるだけ先入観をもたずに話を聴こうとすることです。他にも、位置や視線を意図的に活用すること、ペーシング、相づちとうなずき、オウム返しな

どの数多くのスキルがあります[1]。

　『「保育プロセスの質」評価スケール』にも、保育者の聴き方に関して「子どもたちがじっくりと考えて応答できるよう、長い沈黙を受け入れている。一人ひとりに必要な沈黙の長さが異なるということを認め、子どもたちにも示している」ことが良い行動として示されています[2]。

（5）相手の感情や考え、能力や価値観を受容すること

　相手を尊重し自己決定を促す関わりの技術の四つ目は、受容です。

　受容は、共感や同感とは異なるものです。たとえば、「私はよく空を飛びたくなります」と言われたときに、「そうですね、人って空を飛びたくなりますね」とは共感できない人も多いでしょう。しかし「空を飛びたくなるのですね」と気持ちを受けとめることはできます。子どもの受け入れがたい「行動」も、その子どもが「やりたい気持ち」だけは、受け入れることはできます。

　子どもや保護者に対しては、すぐにアドバイスをしたくなるものですが、まず相手の気持ちを受容しないとアドバイスは入らないといわれます。たとえば、次ページのイラストのように、友達のおもちゃを取って、噛みつかれて泣いている子どもに、「おもちゃを貸してって言わないからでしょ」と言っても、子どもの耳には入りません。

　まずは、「いたかったね」と、気持ちを受けとめます。

子どもの気持ちをていねいに聴く

(1) たとえば、奥田弘美、本山雅英『メディカル・サポート・コーチング入門—医療者向けコミュニケーション法』日本医療情報センター、2003 など、医療職、心理職、福祉職、教育職向けにコーチング・カウンセリングに関する様々な本が出版されている。
(2) イラム・シラージ他『「保育プロセスの質」評価スケール—乳幼児期の「ともに考え、深めつづけること」と「情緒的な安定・安心」を捉えるために』明石書店、2016

指導やアドバイスの前にまず相手の気持ちを聞き受容する

指導やアドバイスをする前に、まず相手の気持ちを聴き、気持ちを受け止める。

保護者の対応も同様です。たとえば、「○○ちゃんがうちの子をいじめています」と保護者から言われたときに、「いえいえ、いじめているのは○○ちゃんの方ですよ」と事実をいきなり伝えると、保護者との関係が壊れます。まずは、「友達にいじめられているのではないかと心配されているのですね」と保護者の気持ちを受けとめます。次に、どうしてそう思ったのか状況を聞き、「調べてみます」と時間をおきます。そして保育者同士で話をし、よく様子を見てから改めて保護者と話をするようにします。

　相手には、何らかの事情があり、相手なりの価値観や考えがあります。相手が子どもでも、保護者でも、実習生でも、まずは相手の気持ちや考えを受けとめてみることです。

（6）一緒に悩むこと

　子どもの主体性を大事にしている保育者は、子ども自身が考え工夫するために、答えや解決策がわかっていても、それを言わずに子どもたち同士の話しあいを見守ることも多いでしょう。また、子どもたちと一緒に「どうしたらいいんだろうね」、「何かいい方法がないかな」と考えることは、よく行っているのではないでしょうか。これが、相手を尊重して自己決定を促す態度です。

　このような相手を尊重し、自己決定を促す態度は、相手が保護者でも同僚でも実習生でも、同じように用いることができます。

　たとえば、保護者から相談を受けたときに、時間があれば一緒に考える方が、行動が早く変わる場合があります。「夜なかなか寝ないのですね。早く眠る日はありますか。それはどんなときですか」、「○○さんは、何が原因だと思いますか」と質問をして状況を共有しあい、「困りましたね。どんな方法があるのでしょう」、「どこを変えるとよいでしょうか」と一緒に悩んでみることです。

　アドバイスを伝えるときには、「こうするといいですよ」といった言い方よりも、「こんな方法とこんな方法がありますが」と選択肢をもたせることや、「専門家からこういうことを聞いたことがあるのですが」と情報を伝えて、相手が自分で決めるようにする方が、伝わりやすく、行動の変化も起きやすいとされています[1]。

---

(1) たとえば、井上深幸、趙敏廷、谷口敏代、谷川和昭『みえるわかる 対人援助の基本と面接技術—事例でわかるプロセスレコード』日総研、2004 など。カウンセリング・コーチングについて書かれた本では、自己決定は、重要な価値であり技術として取り上げられている。

第2章

乳幼児と関わる技術

① 生活の仕方や社会のルールを知るための関わり

（1）保護者が悩むしつけの方法

　乳幼児には、食事を食べること、トイレで排せつすること、洋服を着ること等、一つひとつを教える必要があります。しかし、子どもは大人が教えても、一度では覚えません。その上、乳幼児は、自分の思い通りにならないときには、泣いたり怒ったりします。そのため、家庭では、ほめたり叱ったり、脅かしたり、ごほうびでつったりして、子どものしつけに悩んでいることがあります。

　保護者は、子どもの送迎時に保育者の関わりを見ることができます。またほとんどの園で保育体験や、保育参観を設けています。保護者が「こう言えばよいのか」「さすが先生！」と感心し、思わず真似をしたくなる関わりを見ることができれば、家庭へも良い影響を与えることができるでしょう。

（2）子どもの意志を尊重するか迷うのはどんなときか

　「子どもを尊重する」とよく言います。しかし、子どもの意志や行動を、大人が受け入れられないことは多くあります。たとえば、子どもがタバコを吸いたがるからと、子どもの意志を尊重して吸わせる大人はいないでしょう。

　睡眠や食事といった生活習慣のしつけでは、子どもの意志をどの程度尊重するかは、年齢や状況によって違いが生じます。また、保育者同士でも意見が異なることが多くあります。それぞれが何を受け入れられないと考えるかは、それぞれの経験と知識に左右されます。廊下は走ってはいけないと考える保育者は、以前、衝突して頭のケガをした子どもを見たのかもしれません。保育者同士、あるいは保護者と考えが違うと

きには、どうしてそのように考えるのか、理由を聴きあい、それぞれの価値観をより
よく知りあってみましょう。

（3）「子どもを尊重する」ことと
「子どもの行動を受け入れる」ことの違い

　大人が子どもの意志を尊重できないときは、主に三つあります。
　一つ目は、危険や病気など、子どもの心身に悪影響があると考えられるとき。
　二つ目は、他の人に迷惑をかけるとき、社会のルールを破るとき。
　三つ目は、大人の意志と、子どもの意志が異なり、大人の意志を優先する必要があ
るときです。
　大人と子どもの意志が異なる場面は、子どもを尊重するか迷う場面です。たとえば
大人は出かけたいが子どもはまだ遊びたいといった場面です。いつも大人が子どもの
言いなりもおかしいですし、子どもがいつも大人の言いなりも不自然です。もしも保
育者が、「いつも子どもを尊重しなければならない」と思い込んでいると、指導に困っ
てしまうでしょう。保育者と子どもの関係では、「あなたも大切、わたしも大切」、「子
どもも大切、保育者も大切」の「お互いのちょうどいい関係を探すこと」を原則にで
きます。
　中島久美子（森のようちえんピッコロ）は、「気持ちは寄り添うが、行動は寄り添わ
ない」と説明します [1]。気持ちと行動は分けて考えることができます。自分や他人を
傷つけるような行動には、大人は断固として壁になります。子どもの気持ちは受け入
れても、行動は受け入れられないときがあってもよいのです。

（4）子どもに伝わりやすい言葉で伝える

　０、１、２歳の子どもの場合、生活の仕方や、この社会のルールを一つひとつてい
ねいに伝える必要があります。
　生活の仕方やルールを１、２歳児に伝える際には、①脅したり叱ったりせずに、②
短く、③わかりやすく、④ストレート（率直）に、⑤どうすればよいのか、具体的な
行動を伝えます。たとえば、大切な置物をさわろうとする子どもに、「ダメ！」「何し
てんの！」と叱ったり、手をパチンと叩いたりすると、何度も同じことをくり返します。
また、子どもは叱られるたびに、大声で人を怒鳴る、人を叩くといった行動を学習す
ることになります。大人は「これは大事なものだから見るだけね」と、ていねいに繰

---

(1) 中島久美子「保育者が"子ども"に関わる―主体的な育ちを信じて」『げ・ん・き』155号、エイデル研究所

伝わりやすい言葉を使う

❶抽象的な言葉では伝わらない

ちゃんと、きちんと、しっかり、がんばって、食べよう！

食事のマナーはこうよ！見てまねして！

無言…

❷ほめるだけでは伝わらない

すご〜い！えら〜い！よくできたね！

❸モデルを見せるだけでは伝わらない

り返し伝えます。

　物には使い方があり、家庭や社会には様々なルールがあります。一つひとつのやり方やルールを、やってみせ、繰り返し言葉で伝えることが大人の仕事です。

（5）発達段階に合わせた言葉を使う

　ハイハイをしている赤ちゃんに「何してるの！歩きなさい！」と大人は叱りません。社会性の発達も、未熟な時期を必ず通ります。乳幼児は、全員が人間関係の初心者マークを胸につけています。

　２歳の子どもが「イヤ！」と言う、他の子どもにおもちゃを貸さないなどの発達上で見せる行動をムキになって叱る必要はありません。

　とくに１、２歳の子どもの自我の発揮に対しては、その時期にあった言葉を使いたいものです。

　たとえば、次ページの図のような話し方があります。

（6）個別の関わり以外の技術を使う

　集団で話を聞くことができる発達段階になれば、集団に対しての働きかけも行います。何かトラブルが起きてから、トラブルを起こす子どもに対応をするのではなく、

１・２歳児に伝わりやすい話し方

① 気持ちを受けとめる
「〇〇がしたかったんだね」

② 保育者が自分の思いを伝える
「私は〇〇がしたいの」

③ 物のきもちを代弁する
「〇〇さん（物の名前）は、〇〇だって」

④ 選択を促す
「〇〇と△△は、どちらがいい？」

⑤ 人格を尊重する
「〇〇をお願いね」

⑥ 理由を伝える
「〇〇だから、〇〇しようね」

⑦ 見通しを伝える
「〇〇したら、〇〇しようか」

　まず、全員に対して望ましい行動を学べる環境をつくり、教材や活動等を通しててい ねいな指導を行うようにします。その後に、個別の対応を行います。

　３歳児から入園する子どもが多い場合、ルールを知らないためにトラブルが多く起 きます。集団の保育では、個別に対応する前に、まず全員に対して、印象的でわかり やすい指導を行います。子どもが、考え話しあうことができるようになったら、子ど もたちに問題や困ったことは投げかけ、自分たちで決まりをつくることができるよう にします。

　その園だけの特殊なルールで、子どもに何のために必要か説明できないルールは、 できるだけなくします。たとえば「給食を先生が配膳する間は目をつぶって待つ」な どのルールです。

② 子どもの安心と安全を支える関わり

（1）カウンセリング以外の方法を使う

　保育では、子どもの心理的な課題に対して、カウンセリング以外の多様な方法を使います。

　家庭はいつも晴れの日ばかりではありません。家族が病気になることもケンカをすることもあります。保護者がイライラしている日や子どもが泣きながら来る日もあって当然です。保育者はそうしたときに子どもを抱きしめることができます。自己否定感が強い子どもや、関心を向けてほしい子どもには、「あなたが大好きだよ」と言葉や表情で伝え、自分への信頼感をもてるようにします。ひざのせ遊びや顔遊びなどの情緒的な遊びや、あたたかい言葉にみちた絵本を介して、子どもへ愛情を伝えることもできます。

　家庭で高いストレスを受けている子どもには、描画や体を動かし声を出す遊びを通して感情の発散を助けます。保育は、遊びを通して楽しい！おもしろい！といった子どもの肯定的な感情を増やすことができます。保育者は集団も活用します。友達への関心を、たたく、意地悪を言うといった不適切な行動で表している場合には、その子が集団のなかで輝くような活動を取り入れます。友達が「○○くんすごい！」と見るように活動を通して友達との関係を調整します。

（2）してはいけない行動を防止する

　ハヴィガーストは、幼児期の発達課題として「基本的な善悪の理解」をあげています[1]。

　幼児期の子どもたちは、良い行動モデルを見ることと、善悪を教える大人を必要としています。しかし実際には多くの子どもたちはテレビや周囲の大人から「人としてしてはいけない行動」を学んでいます。たとえばテレビ番組では、人の見た目をからかい笑う、その場にいない人の悪口を言うなど、実際の生活で行えば「いじめ」と言われる行動を見聞きします。テレビやインターネットでは、暴力、殺人、破壊その他の犯罪行為も見ます。携帯ゲームではそれらをバーチャルの世界で練習もします。幼児期から、仮想の世界で人を殴ったり殺したりするゲームをしている子どもは少なくありません。児童虐待やDVの相談件数は年々増加しています。

　幼児教育ではこのような社会で育つ子どもたちに対して、保護者とともに善い行動、悪い行動を伝えていく必要があります。攻撃的な行動や言葉を叱る前に、良い行動のモデルを十分に見聞きできる環境を保護者と共につくることです。

（3）大人の怒りが子どもへ与える悪影響を知る

　周囲の大人が、「もう～」、「何してるの！」、「ダメでしょ！」のように、子どもに自分のネガティブな感情をありのままにぶつけていると、子どもは感情のままにふるまってよいことを学びます。子どもに感情の抑制を学んでほしいと思えば、大人がまず自分の感情をコントロールする必要があります。

　研究では、命令する、怒鳴る、叱責する言葉は、子どもの自己コントロールの発達が遅れることが明らかになっています。乳幼児期に高いストレスにさらされた子どもは、脳の発達に長期的な影響を及ぼし、子どもは長期的に免疫システムや実行機能、心の健康が損なわれる等が報告されています[2]。

　子どもが感情や行動をコントロールできるようになるには、感情や行動をコントロールするための言葉を知る必要があります。たとえば、「じゅんばん」という言葉を知らないと順番は守れません。「ゆっくり」という言葉がわかるようになった子どもは、ゆっくりと動いてみようとします。発達障害の支援に携わる湯汲英史（ゆくみえいし）は、子どもが感情や行動をコントロールするための言葉として「関わりことば」[3] や「きりかえことば」[4]

子どもが感情や行動を
コントロールできる言葉を使う

（1）R. J. ハヴィガースト『人間の発達課題と教育』荘司雅子監訳、玉川大学出版部、1995
（2）ダナ・サスキンド『3000万語の格差―赤ちゃんの脳をつくる、親と保育者の話しかけ』掛札逸美訳、明石書店、2018
（3）湯汲 英史『子どもが伸びる関わりことば26―発達が気になる子へのことばかけ』鈴木出版、2006
（4）湯汲 英史『感情をうまく伝えられない子への切りかえことば22』鈴木出版、2007

を提唱しています。発達障害の子どもは、自分の感情や行動のコントロールが難しいものです。湯汲は「わざとじゃない」などのうまく関わるために子どもに伝えたい26の言葉と、「○○したら次は□□ね」などの自分の感情を切り替えるために伝えたい22の言葉を紹介しています。保育者は、このような子どもが身につけてほしい言葉を意図的に使うことができます。

（4）好ましくない行動、許しがたい行動への対応を知る

　子どもは、ルールがわかっていても、大人の関心を引きたいときや、大人の愛情がほしいときに、わざと怒られることをする場合があります。たとえば触ってはいけないと言われている物を、保育者の気を引きたくてわざと触るなどです。お腹がすいてどうしようもないときには、どんなにまずくても食べたくなります。関心を向けてほしいという欲求に飢えた子どもは、怒られるといった否定的な関心であっても保育者に向けてほしいのです。

　そのため、してほしくない行動には、報酬を与えないことが効果的です。好ましくない行動をしているときには、関心を向けずに注目を取り去り、中立的に対応します。そして好ましい行動をしているときに、笑顔を向ける、ほめる、認める、励ます、感謝するなど、注目するようにします。暴力などの許しがたい行動は、断固として体罰にならないように止めます [1]。

　保育者が、大声を出して厳しく叱ると、感受性の強い周りの子どもが傷つくことがあります。大声で厳しく叱るよりも、むしろその場に近づいて、声の調子を抑えて静かに指示をした方が伝わります。長々と説教をすることも効果がありません。

（5）自分の怒りをマネジメントする方法

　怒りをコントロールするための方法は、「アンガー・マネジメント」「ストレス・マネジメント」として、様々な方法が紹介されています [2]。

　次ページの図は、それらの著作と保育者から集めた知恵を紹介するものです。

　保育者が子どもの行動にイライラしないためには、この他に時間の環境や物的環境を整えることや、発達の専門知識をもつことが効果的です。本文「第2部 第4章 2 ふさわしくない関わりをなくす環境づくり」（p.98）と「第2部 第4章 3 ふさわしくない関わりをなくす専門知識」（p.102）を参考にしてください。

　子どもの発達がわかると、子どもの行動にイライラしなくなります。また子どもに分かりやすい伝え方ができるようになると怒りは減ります。

保育者のアンガー・マネジメント

① **相手の怒りに巻き込まれない**

……乳幼児期の子どもたちは怒りの感情をストレートに出す。子どもの感情に巻き込まれないように「私はプロ」と意識する。大仏などをイメージし、ゆっくり呼吸する。

② **ストレートに怒りをぶつけない**

……「なんでやらないの！」「なんでそんなことするの！」と怒りをストレートに出さない。「こまったね」「残念だったね」と一緒に困る。

③ **言い方をポジティブに変える**

……「○○はダメ」→「○○しようね」、「どうしたらいいんだろう」「どうすればよかったんだっけ」を使うようにする。

④ **理想主義をやめる**

……物事にはいい部分、悪い部分がある。「～するべき」「～が正しい」「絶対に～しなくてはならない」と考えない。

⑤ **相手に高すぎる期待を持たない**

……「まだ○歳なんだからできなくて当たり前」「人には長所も欠点もある」「人は、調子のいいときも悪いときもある」「私も失敗するし人に迷惑をかけている」と自分に言い聞かせる。

⑥ **体と心をやわらかに、明るい気持ちを増やす**

……歌う。笑う。一緒におにごっこや体操をする。一緒に遊ぶ。

⑦ **優しい動きしかできない服装をする**

……怒鳴ってしまう人は、ジャージをやめ、フリルのスカートをはいてみる。

⑧ **気持ちが安定するように生活を整える**

……SNSやテレビ等は○時までと決め早めに眠る。朝夕も栄養バランスに気をつけ甘い物を食べ過ぎない。無駄な仕事は皆で減らし残業をしない。

⑨ **環境を整える**

……ホテルのロビーで怒鳴る人は少ない。あたたかで気持ちのよい保育室と、緑豊かな園庭を、環境として整える。

(1) 小野次朗ら編『よくわかる発達障害——LD・ADHD・高機能自閉症・アスペルガー症候群（やわらかアカデミズム・〈わかる〉シリーズ）』ミネルヴァ書房、2007
(2) 高山恵子『イライラしない、怒らない ADHD の人のためのアンガーマネジメント（健康ライブラリー）』講談社、2016、加藤俊徳『脳が知っている 怒らないコツ』かんき出版、2016 など。他にも、保育者の心のマネジメントのためには、掛札逸美『保育者のための心の仕組みを知る本——ストレスを活かす 心を守る』ぎょうせい、2017、小瀧真知子ら『人間関係が楽になる医療・福祉現場のコミュニケーション：コーチング思考で"人"を理解するための 25 の事例』三輪書店、2015 など。

（6）自分は何を許しがたいかを知る

　廊下を走っても、友達の顔を踏んでも、同じ勢いで怒っていては、子どもたちは、絶対にしてはいけないことは何かがわからなくなります。自分は、子どもにどのような行動は絶対にしてほしくないと考えているのか、一度書き出して、他の保育者と共有してみましょう。

　また、自分の怒りの度合いを、温度で考えてみましょう。熱い風呂の湯のような温度（45度）で怒るのはどんなときか、どんなときに沸騰（100度）しているのか、自分の怒り方は、いつも何度ぐらいかと、考えてみましょう。自分がよく怒ることはどのようなことでしょうか。自分がこれまでのなかで、最も厳しく子どもを怒ったことは、どのようなことだったでしょうか。自分が怒る場面を抜き出してみると、自分を客観視ができます。

　同僚や後輩には優しいのに、乳幼児には怒ってしまう人は、発達の知識と関わりの技術が不足していると考えられます。関わりのうまい保育者と一緒に保育をすることや、本を読んで学習をすれば、改善ができるでしょう。

　子どもにも、同僚や後輩にも感情的に怒鳴ってしまう人は、感情コントロール力に課題があると考えられます。怒鳴る行動は、教育者として、乳幼児期の子どもに良い影響を与えません。また周囲にストレスを感じさせ、チームでの保育に悪影響を与えます。この場合には、自分を変えるか、職業を変えるかの必要性があるでしょう。

怒りをコントロールする

③ 子どもの学びを支える関わり

(1) 乳幼児は有能な学び手である

　「幼稚園教育要領」には、子どもの主体的で対話的な深い学びの重要性が示されています。赤ちゃんも幼児も、成長したい、様々なことを知りたいという意欲にあふれた有能な探求者です。乳幼児期の子どもは、自発的な遊びのなかで環境の性質を理解し、環境に合わせて日々新しい能力を獲得します。

　学習科学では、効果的な学習は、構成的、自己調整的で協同的な学習だと考えられています[1]。つまり、子どもが挑戦や試行錯誤ができる環境をつくる保育、自発的な活動としての遊びを中心とした保育が、学習には効果的です。保育者と子どもたちとの関わりは対話が中心になります。

　人は、何かを学習し新しい能力を獲得する時には、必ずうまくいかない時期を通ります[2]。乳幼児は発達の途上であるため、自分の行動の調整ができず、非効率な行動をとります。専門知識をもつ保育者は、乳幼児の繰り返しや遠回りの行動を大切な学びととらえて見守ります。

専門知識に基づいて子どもの行動をとらえる

発達は、無秩序から秩序へ、未調整から調整へ、非効率から効率へと進むのだ・・・

保育者は根気強さが必要

（1）OECD 教育研究革新センター編著『学習の本質─研究の活用から実践へ』明石書店、2013
（2）P．グリフィン、B．マクゴー、E．ケア『21世紀型スキル─学びと評価の新たなかたち』北大路書房、2014

（2）子どもが乳幼児期に習得する学びのスキル

　変化の激しい予測不可能な社会では、子どもは自ら問題を発見し、情報や資源を集めて協働して問題を解決する学びのスキルが求められます。

　以下に示した学びのスキルは、自発的な遊びと生活の場面のなかで、子どもが身につけることができると考えられる学びのスキルを一覧にしたものです。環境の質、遊びの質によって、子どもが身につける学びのスキルが変わります。子どもが「ひと・もの・こと」とじっくり関わりをもつことによって、これらの学びのスキルは身につきます。大人に楽しませてもらいキャーキャー大騒ぎをする活動では、このような学びのスキルを修得できません。

　保育者が、これらの学びのスキルを「視点」としてもつと、何気ない子どもの行動のなかに、多くの学びが含まれていることが見えるようになると考えられます。

乳幼児期の子どもたちが、遊びや生活の場面で習得できる学びのスキル
注意を向ける、関心をもつ、挑戦する
観察する、さわる、動かす、においをかぐ、音を聞く、感じる、集中する
模倣をする、試す、壊す、描く、創る
初めての状況にすでにもっている知識や体験を結びつける
計画する、情報や資源を集める（調べる）
比較する、分類する、順序づける、正確さを求める、関係づける、 共通点を見出す、疑問をもつ
見立てる、予測する、推測する、因果関係を見つける、問題を発見する、 仮説を立てる、解釈する
実行する、視点をずらす、別の方法や考えを見つける、 やり方を変える、何度もやり直す
協働作業をする、多様な人に働きかける、 人に頼む、新しい考えや行動を受け入れる
話の内容を聞きとる、説明する、質問をする、話しあう、折りあいをつける
楽しい雰囲気をつくる、喜びを見出す、気持ちを切り替える
雑音を無視する、介入を拒否する、欲求を抑制する、粘り強く取り組む
エピソードとして記憶する、振り返る、評価する、うまくやれるという自信をもつ

（3）学びを支える保育者の関わり

保育者は、主体的な子どもの学びを支えるために、環境を構成し、状況のなかで、子どもと対話をします。環境との三項関係の学びを支えることが保育者の役割になります。

下の表は、保育者へのインタビューによって集めた子どもと保育者との関わりを、子どもの学びを支える観点から、プロセスによって類型化した表です。

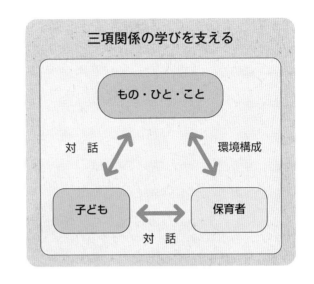

保育者の言葉の意図	
クラス全員に対して働きかける	活動や課題について説明する 状況を伝える、起きた問題を子どもに返す 名称や手順等、知識や技術をていねいに伝える 子どもへの関心・愛情・期待を伝える、頼む、励ます 自分の感情を表現する 挨拶をする、正しい言葉のモデルを示す
知ろうとする	子どもの気持ち（感情）をくみとろうとする 子どもの理由や状況を知ろうとする 子どもの考えを知ろうとする
受けとめる	子どもの挑戦や試行錯誤を見守る 子どもの気持ちや考えを受けいれる 子どもの表現を受けとめる 沈黙を受けとめる 子どもの真似をする 子どもの言葉を聞いていることを示す
働きかける	気づきを促す、行動を促す 子どもの考えや気持ちを表現するように促す 子どもの思考をひろげ、課題解決のための質問をする 仲間とつなぐ 提案する、イメージを広げる、視点をずらす 制止する、指示をする 意図的に関心を外す 振り返りを促す

保育者は、クラス全員への働きかけと、個別の子どもとの対話を行います。保育者は、知ろうとする、受けとめる、働きかける、この三つの方向性をもって言葉を使います。また保育者は、子どもへの関心や愛情を伝えるために、さする、抱きしめるなどといった行為も使います。

　これらの関わりの前提には、場や機会をつくること、自分で行いやすい物的環境をつくること、十分な時間を確保すること、無駄なルールをなくす、変更することなどの環境の構成があります[1]。

やさしく体にふれることも、関わりの技術

（4）保育者の言葉の具体例

　保育者が使う言葉の具体例として、岩井久美子（元 まちの保育園六本木）と、中島久美子（森のようちえんピッコロ）が使う言葉の具体例と留意点を紹介します。

　両者は、豊かな環境を準備し、子どもの主体性を尊重した保育を行っています。両者の関わりの特徴は、子どもの感情や考えを知ろうとするための関わりが多いことです。次ページからの表は、インタビューから筆者がまとめました。

(1) 高山静子『改訂 環境構成の理論と実践〜保育の専門性に基づいて』郁洋舎、2021 で詳しく説明している。

1～2歳児を対象とした言葉の例 (岩井久美子〔まちの保育園六本木〕)

	言葉の意図	言葉の例
全員に対して働きかける	活動や課題について説明する	2歳に対しては全員に説明をする。気持ちが切り替えられる時間をとるようにする。自分で折りあいをつけられるように
	状況を伝える、起きた問題を子どもに返す	(かまれた子どもがいたときに)「冷やしてくるね」
		「お口に指が入ったからアムしちゃったんだって」
	名称や手順等、知識や技術をていねいに伝える	たとえば靴をはけない子どものそばにいる。寄ってきたときには「ひざに座って」と言って靴をはく手伝いをするなど
	関心・愛情、期待を伝える、頼む、励ます	そばにいる。タイミングを見計らって、(子どもが見て！と求めてきたときに)「できたね」、「すごいね」
	自分の感情を表現する	「この線はすごくきれいな線だね」と具体的に話し、「じょうずだね」「うまく書けたね」など評価は言わない
	挨拶をする、正しい言葉のモデルを示す	「ありがとう」
		体をさわりながら、「おはようございます」「さようなら」とていねいに挨拶をする
		保育者が遊びに入るときには「仲間に入れて」と言って入る
知ろうとする	気持ち(心情)をくみとろうとする	「どうして泣いちゃったのかな」
		「何を怒っているのかな」「どうしたかったの」
	理由や状況を知ろうとする	「何がしたいのかな」「どうしたいの」
	考えを知ろうとする	「何がほしかったの」「どれがほしかったの」
		「どうしたいのかなあ」
受けとめる	挑戦や試行錯誤を見守る	「おもしろいねー」
	気持ちや考えを受けいれる	「かなしいんだね」「いたかったねー」
	表現を受けとめる	「これがもっとやりたいんだねー」
	うなずき、姿勢などで聞いていることを示す	「すごいこと見つけたね」
		「そうしたかったんだ」
	真似をする	
	沈黙を受けとめる	(処置をした後、噛んだ子どもに)「ひやしたらなおったよ」
		(噛んだ子どもが心を痛めていることに目を向ける)
働きかける	気づきを促す、行動を促す	「これやろうと思うんだけど、一緒にお手伝いしてくれる？」
		「お手伝いしてもらっていい？」
		「そろそろお支度する？」
	考えや気持ちを表現するように促す	「これでお絵かきしたいの」
		「むすんでほしかったの」
		「あけてほしかったの」
	思考をひろげ、課題解決のための質問をする	ヒントを出すためには、言葉でというよりも、やって見せる。2歳児のごっこ遊びでは保育者が一緒に遊び込んで状況をつくる
		保育者の体験を話す。「今日は朝、顔を洗ってね…」など。「お散歩に行ったときにこんなことがあったね」など
		気づきを促すために独り言を言う。最初に今日の見通しをもたせておく。その後、「お散歩に行くよ」と言わずに、「そろそろお支度をはじめようかな」と独り言を言う
		「お手伝いしてもいい？」「先生もやっていい？」
	仲間とつなぐ	「この次はかまないでお口で言えるといいね」
	提案する、イメージを広げる、視点をずらす	見通しがもてる2歳には見通しをもてるように話をする。(今日はオヤツが終わったら散歩へ行くなど)
		「どうやってやったの？」「やってみる？」
		「みてみてきれいだよー」
		「○○ちゃん、まわったよ」
	制止する、指示をする	「ダメ」は言わない。危なそうなときには、近づいてそばにいる。ケガや命に関わるとき以外は制止することはない
		体を使って止めて「ちょっとまって、どうしたかったの」
その他	立って上から話さない。遠くから声をかけない。そばに行って、座って、顔を見て話すようにする。体をさわって話をすることも多い。子どもによってかける言葉は違う。相手に合わせる	

3〜5歳児を対象とした言葉の例 （中島久美子〔森のようちえんピッコロ〕）

	言葉の意図	言葉の例
全員に対して働きかける	活動や課題について説明する	なるべく端的に説明をする。結論を先に話す。
	状況を伝える、起きた問題を子どもに返す	大人が説明せずになるべく子どもが話すようにする→豆まきの説明をする時「豆まきってどんなことかわかる人いるかな」
	名称や手順等、知識や技術をていねいに伝える	母の仕事は何があるか　子「洗濯」中島「洗濯とか〜」子「弁当」中島「弁当とか〜」→イメージがどんどん広がる
	関心・愛情、期待を伝える、頼む、励ます	「お願いしても大丈夫かな」（子どもがNOと言えるような雰囲気で）
	自分の感情を表現する	「〇〇ちゃんは〇〇が素敵だね」
		（クレヨンの持ち主を探した子に）「クレヨンさんはうれしいと思うよ」
		「〇〇ちゃんならできるよ」、「〇〇君は勇気あるよ」
		「〇〇君なら大丈夫だよ」「この間もがんばれたしね」
	挨拶をする、正しい言葉のモデルを示す	言葉の習得を促すためにわざと難しい言葉を使う→「協力してね」
知ろうとする	気持ち（心情）をくみとろうとする	「どう思うの」、「心の中はどう」
	理由や状況を知ろうとする	「本当はどう思ったの」、「本当の気持ちから言ってる？」
	考えを知ろうとする	「〇〇ちゃんの気持ちはどう？」
		子ども「悲しかった」→保育者「悲しかったし …」子「うれしかった」→保「うれしかったし …」
		「どうしたの」、「何をしようと思ったの」、「どうしたかったの」
		「何がしたいの」、「なんでそうしたのかな」
		「どうしてそう思ったの」、「どうしてわかるの」
受けとめる	子どもの挑戦や試行錯誤を見守る	子どもの言葉を繰り返す
	気持ちや考えを受けいれる	「そうだね」
	表現を受けとめる	「〜と思ったんだ」、「〜なんだ」（感情は受けとめ、感情を裁かない）
	うなずき、姿勢などで聴いていることを示す	「そうだね」
	真似をする	「それは良い考えだね」
	沈黙を受けとめる	「Aちゃんは〇って思うんだね、B君は△と思うよね」（多様性を認める）
働きかける	気づきを促す、行動を促す	玄関に多数の靴が脱ぎっぱなし「〇〇君が靴、脱ぎにくそうだね〜（つぶやく）」（状況をそのまま伝える）、「どう思う？」、「どうすればいいんだろうね」、「どうする？」
	考えや気持ちを表現するように促す	「〇〇君変な顔をしてるね」（気持ちに違和感がある）
	思考をひろげ、課題解決のための質問をする	困っている子がいたら「〇〇ちゃん見える？」（中島は目が悪いことになっているので）
	仲間とつなぐ	子「クレヨン落ちてた」→中島「たのむね」or「お願いね」とだけ言う。
	提案する、イメージを広げる、視点をずらす	（部屋に水筒を忘れた子に）「リュック、もっててあげるね」→取りに行く
	制止する、指示をする	「私は〇〇と思うけどどうかな」（あくまで中島の意見としてという雰囲気で）
		「それは私は不思議な感じがするなぁ」（承認できないとき）
		「〇〇しちゃう？」（子どもがNOと言える雰囲気で）
		「〇〇ちゃんはこう思ったんだってよ」「〇〇ちゃんはどう思ったかな」
		「誰に手伝ってほしい？」「…」「〇〇？〇〇？（子どもの名前）」
		（聞き捨てならない言葉を言ったときに）「あれ？」「えっ、なんていった？」
		指示をするならするで、キッパリと「〇〇します」
その他		「え？」、「わ！」、「あ！」、「へえ〜」、「ふ〜ん」（中島の言葉はわざと短く、子どもの体のテンポに合わせて短めに話す）
		自分のことを「先生」と言わない。「私」と言う

（5）子どもが習得する言葉と保育者の語彙

　言葉には、①自己の感情を表出し、感情や行動をコントロールする機能、②人との
コミュニケーションの機能、③概念や認識をもち思考する機能の三つがあります。保
育者は、子どもがこれらを習得できるように、子どものモデルとなるような豊かな語
彙で会話をします。

　幼児期の子どもは、直接事物にふれる体験によって様々な学びを得ます。その際保
育者は、体験に言葉を添えます。しかし、雨の後に川の水が増えているのを見て、「や
ばいね」しか言えない保育者のもとでは、子どもは、言葉や数量の概念を得ることが
できません。保育者が「深い」とか「流れが速い」といった言葉を使うことで、子ど
もは言葉の伴う数量感覚を身につけることができます。

　研究では、保育者や保護者によって、子どもが聞く言葉の量と質には格差があるこ
とが明らかになっています[1]。

　保育者が、子どものモデルとして豊かな話し言葉を使うために作成したものが、次
ページ以降の「幼児期の終わりまでに育てたい『話し言葉』のリスト」です。

(1) ダナ・サスキンド『3000万語の格差―赤ちゃんの脳をつくる、親と保育者の話しかけ』掛札逸美訳、明石書店、2018

幼児期の終わりまでに育てたい「話し言葉」のリスト

1. リストについて

（1）子どもは、体験と、周囲の大人の言葉によって、異なる言葉を身につけます。

×「やば！ちょうちょ！」 ⇨ 「あ、きれいなちょうちょがきたね」

×「うわ、川やばくない」 ⇨ 「きょうは川がとてもはやく流れているね」

×（無言で靴をはかせる） ⇨ 「さあ、靴をはこうね」

（2）子どもの思いに関心を向けることが大切です。

大人が子どもの思いに無関心だと「一方的な言葉かけ」が増えます。

大人は、注意と体を子どもに向け、子どもの思いに関心をもち、子どもの話に耳を傾けます。

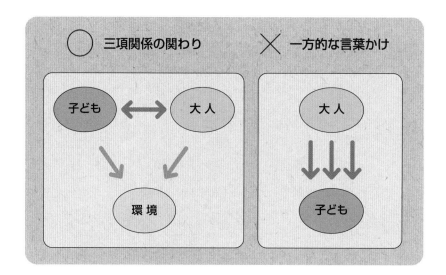

（3）子どもが使う言葉は、認識や思考、感情、ひいては人格の表れです。

子どもが幼児期に身につけた言葉は、人とのコミュニケーションや、感情コントロールに影響を与えます。また体験の伴う豊かな話し言葉は、学習と思考の確かな土台となります。研究では、幼児期の語彙が多い子どもほど、学童期以降に学力が高いことが明らかです。子どもたちに、どのような言葉を身につけてほしいでしょうか。

（4）本リストは、子どもの体験を考え、保育者・保護者の言葉を豊かにするためのものです。

子どもたちが、豊かな言葉を身につけるためには、豊かな体験と、豊かな会話が必要です。子どもに幼児期に体験してほしいことを考え、大人の言葉を豊かにするために活用していただけると幸いです。

2. 幼児期の終わりまでに育てたい「話し言葉」 (概要版)

(1) 感情を表出し、感情や行動をコントロールする言葉

気持ちを表す‥‥はらがたつ・くやしい・おかしい・さびしい・いやだ・こわい等
体調を伝える‥‥いたい・きもちがわるい・はきけがする・ムカムカする等
気持ちや行動をコントロールする‥‥〜のもの・そっと・大事・わざとじゃない等
中間の世界を理解する‥‥中くらい・どちらでもない・そういうときもある等

(2) コミュニケーションの言葉

挨拶‥‥おはよう・おはようございます・こんにちは等
誘う・頼む‥‥あそぼう・いれて・いっしょにしよう・やってもいい等
励ます・認める‥‥がんばってるね・きっとできる・やれる等
受容する・共感する‥‥そうなんだ・そうか・よかったね等
貢献する・助ける‥‥手伝おうか・いっしょにしよう・大丈夫・どうしたの等
感謝やおわびを伝える‥‥ありがとう・ごめんね等

(3) 概念や認識をもち思考するための言葉

①学び、考えるための言葉

助けを求める‥‥わからない・おしえて・どうやるの・どうするの・どうしたらいい等
知識・技術を、獲得する‥‥どうして・どう思う・誰に聞く・誰がくわしい・何が問題等
接続詞・助詞・代名詞‥‥それから・だから・〜に・〜を・〜と・そのとき等

②数量感覚に関する言葉

量・位置・数え方等に関する名詞・形容詞‥‥薄い・厚い、○番目等
数量の操作に関する動詞・形容詞‥‥あわせる・ならべる・くらべる・わける・残る等

③科学的な感覚と認識を育てる言葉

自然に関する動詞‥‥吹く・降る・止む・曇る・晴れる・照る・燃える等
感覚を表現する形容詞‥‥黒い・まぶしい・暗い・きれい・しょっぱい・熱い等
身近な自然に関する名詞‥‥天候・生き物・植物・果物・野菜・自然・地形に関する名詞
抽象的な概念・事象に関する名詞‥‥色・国・人の呼称・関係に関する名詞

④社会を認識する言葉

社会に関する抽象的な名詞‥‥季節・国・宇宙・人の呼称・関係等に関する名詞
子どもの身近な社会に関する名詞‥‥施設・職業・住居・日用品・身体他に関する名詞

⑤生活習慣に関する言葉

飲食・睡眠・身支度・調理・掃除・洗濯・その他に関する名詞

⑥身体動作に関する言葉

引っぱる・押す・スキップする等

３．幼児期の終わりまでに育てたい「話し言葉」（詳細版）

（1）感情を表出し、感情や行動をコントロールする言葉

　　幼児期には、子どもは、自分の気持ちや考えを、言葉で表現すること、そして、自分の感情や行動を言葉で抑制することを学びます。また幼児期は、「いい・悪い」のどちらでもない、「中間の世界」を理解することができるようになります。中間的な世界の認識が育っているかどうかも、子どもの言葉から把握することができます。

気持ちを表す	うれしい・たのしい・すっきりした・おもしろい・さわやか・きもちがいい・しあわせ・すき・だいすき・きれい・すてき・うつくしい・かわいい くるしい・はらがたつ・くやしい・おかしい・かなしい・さびしい・いやだ・かなしい・こわい・おそろしい・はずかしい・きもちがわるい・きみがわるい・イヤなきもちがする・きんちょうする・かわいそう・ひどい・きらい・だいきらい でも・だって・〜したい・〜したくない・〜だったらいい・ほしい・つかいたい・まだ・もう少し・ここまで
体調を伝える	いたい・きもちがわるい・はきけがする・ムカムカする・打った・ころんだ・きった・くるしい・くすぐったい・かゆい・ねむい・だるい・きつい・ぐあいがわるい
考えを表す	良い（いい）・悪い・正しい・似ている・違う・間違い・むずかしい・かんたん・ずるい・かしこい・やさしい・うまい・危ない・かっこいい・うそだ・うそつき・〜になる・だと思う・〜に分かれる
気持ちや行動をコントロールする	〜のもの・みんなのもの・じゅんばん・がまん・ダメ・しないほうがいい・そっと・大事・大切・大丈夫・いっしょに・はんぶんこ・してはいけない・していい・わざとじゃない
気持ちを切り替える	〜するつもり・〜のしごと・〜したら〜・残念・仕方がない・あともう少し
白か黒かの二極の世界から中間の世界を理解する	まよう・なやむ・おしい・中くらい・どっち・どちらでもない・そういうときもある・うまくいかないときもある・まちがうこともある・あまりよくない・どちらも悪い・どちらでもない・〜かもしれない・〜のときもある・そんなこともある・〜もあるし〜もある・〜かもしれない・〜したほうがいい・〜より・ちょっとだけ・だんだん・ちょっと・ちょっぴり・ほとんど・もっと・あまり・とても・すこし・いつも・ときどき

（2）コミュニケーションの言葉

　　人への信頼感をもち、人に働きかけ、人とよい関係をつくろうとすること。これらは、乳幼児期の発達課題です。

　　子どもは、自分にかけてもらった言葉を、他の人にも使おうとします。

　　大人が、意図的に、子どもたちに使っている言葉などを、共有してみましょう。

挨拶	おはよう・おはようございます・こんにちは・さようなら・いただきます・ごちそうさまでした・しつれいします・どういたしまして・おやすみなさい・よろしくお願いします
誘う・頼む	あそぼう・いれて・かして・いっしょにしよう・やってもいい・～してもらえない・～してくれない・～をたのんでいい・かして・～したい子いる？・みんなきいて
感謝やおわびを伝える	ありがとう・ありがとうございました・ごめんね・ごめんなさい
励ます・認める	すごい・すてき・おもしろい・かっこいい・うまい・じょうず・がんばってる・よく知っている・～の天才・～の博士・～のチャンピオン・強い・すてきだね・すばらしい・きっとできる・がんばればできる・やれる・よかったね・大丈夫だよ
共感する	うん・へえ～・そうなんだ・そうだったんだ・そうか・どうぞ・どういたしまして
貢献する・助ける	手伝おうか・大丈夫？・どうしたの？・やってあげようか

（3）概念や認識をもち思考するための言葉
①学び、考えるための言葉

　　質問する力は、知の技術です。わからないことを人に聞くことは、学びの上で不可欠です。

　　接続詞・助詞・代名詞は、結びつける・比較する・理由や説明を考えるための助けになります。

助けを求める	しらない・わからない・おしえて・どうやるの・どうするの・どうしたらいい
知識・技術を獲得する	不思議だね・どうして・なぜ・なんだろう・どう思う・どう思った・～ですか・～って何・～って誰・何してるの・誰・誰に聞く・誰がくわしい・どこへいけばわかる・何に書いてある・どうしてそうなった・どうしてそう思った・何が問題・どこが問題・どんなふうにしたい・何をしたい・どんなものをつくりたい
接続詞	でも・だって・それから・そして・それで・だから
助詞	～で・～に・～を・～は・～が・～と
代名詞	そのとき・そこでは

②数量感覚に関する言葉

　幼児期には、直接、事物と関わることによって、体と感覚を通して、数量感覚を身につけていく時期です。一緒に不思議がったり、体験に言葉をそえたりすることが、大人の役割になります。

量	大きい・小さい、長い・短い、広い・せまい、遠い・近い、高い・低い、深い・浅い、多い・少ない、太い・細い、薄い・厚い、丸い・四角い、平べったい（平たい）・細長い、早い・速い・遅い・ゆっくり
位置	上・中・まん中・下・右・左・後・前・外・内・あいだ・すみっこ・すみ・まわり・たて・よこ・ななめ・表・裏・全部・半分・残り・となり・反対・反対側・両方・片方・逆・かど・はし・入り口・出口・〜の場所・順番・交代
形状	やわらかい・かたい・重い・軽い・荒い・でこぼこ・すべすべ・マル・さんかく・しかく・わ・真四角・まんまる
程度	ちょっと・ちょっぴり・すこし・あまり・ほとんど・すっかり・もっと・ずっと・とても・かなり・いつも・ときどき・やすい・たかい
数	ぜろ・いち・にい・さん・しい・ご・ろく・なな・はち・きゅう・じゅう
数え方	一つ・二つ・三つ・四つ・五つ・六つ・七つ・八つ・九つ・十・○番目・ひとり・ふたり・○番・○個・○組・○枚・○匹・○羽・○頭・○段・○本・○人・○粒・○台・○軒
時間	時間・朝・昼・夜・夕方・夜中・午前・午後・○時○分 あした・きょう・今・きのう・おととい・あさって・毎日・〜の日・このあと・このまえ・あと・こんど・〜だった・〜だったとき・はじめ・つぎ・さいしょ・おわり・おしまい・さいご
曜日・月	日曜日・月曜日・火曜日・水曜日・木曜日・金曜日・土曜日・1月・2月・3月〜
数量を操作する動詞・数量に関連する状態	そろえる・あわせる・ならべる・くらべる・わける・なかまあつめをする・おりたたむ・ひろげる・せまくする・大きくする・小さくする・のばす・ちぢめる・あげる・おろす・のぼる・おりる・ほる・つみあげる・かぞえる・はかる・あまる・たりる・たりない・のこる・ふえる・へる・ふくらむ・ちぢむ・おくれる・まにあう

③科学的な感覚と認識を育てる言葉

〈1〉自然に関する動詞

天候・気象	吹く・降る・止む・曇る・晴れる・照る・光る・輝く・昇る・沈む・積もる
人間	生まれる・生む・死ぬ・生きる・なぐさめる・笑う・踊る・歌う・遊ぶ・考える・しゃべる・言う・読む・見る・聞く・答える・泣く・喜ぶ・がっかりする・驚く・恐がる・怒る・叱る・謝る・借りる・貸す・売る・買う・飼う・ふざける・あきる・いじめる・かわいがる
動物	ほえる・はねる・飛ぶ・しのびよる・横たわる・ひっかく・食いつく・かぐ・くわえる
植物	枯れる・散る・咲く・（芽が）出る・伸びる・はえる・たおれる・ゆれる
水・土・火	浮く・乾く・こおる・しみる・こげる・燃える・さめる・湿る・消える・焼ける・流れる・落ちる

〈2〉感覚を表現する形容詞・副詞

視覚	赤い・青い・白い・黒い・黄色い・まぶしい・明るい・暗い・美しい・きれい・きたない
味覚	あまい・からい・しょっぱい・すっぱい・にがい・おいしい・まずい・うまい・あつい・冷たい・温かい
触覚	暖かい・涼しい・寒い・暑い・気持ちいい・ぬるい・やわらかい・かたい・けむい・けむたい・ベトベト・サラサラ・なめらか
聴覚	うるさい・さわがしい・静か
嗅覚	くさい・こうばしい
状態	不思議・新しい・古い・気味が悪い・強い・弱い・おとなしい・忙しい・ずるい・かしこい・やさしい・明るい・かわいい・やせた・ふとった・変わった・こっそり・いきなり・すっかり・ずっと・どんどん・にこにこ・にやにや・にっこり・べったり・そわそわ・いらいら・はらはら・うきうき・よろよろ・ゆったり・けろりと・しとしと・じとじと・べとべと・じわじわ・ばったり・ちらちら・ふらふら・ぶらぶら

〈3〉身近な自然に関する名詞

天体	太陽・月・星・空
天候	天気・晴れ・曇り・風・雷
動物	さる・しか・象・かば
ペット	イヌ、猫、ウサギ
鳥	すずめ・つばめ・からす
虫	はち・とんぼ・せみ
魚	鯉・まぐろ
貝	あさり・かたつむり
は虫類	へび・とかげ
両生類	かえる・かめ・いもり
木	桜・つつじ・いちょう
花	たんぽぽ・シロツメクサ
果物	りんご・なし・かき・すいか・レモン
野菜	大根・ごぼう・かぶ・白菜・こまつな
豆	そらまめ・いんげん・あずき・大豆
植物の部分	花・葉・茎・根・幹・枝・実・種・芽
自然	水・氷・蒸気・木・金属・鉄
地形	空気・湯気・煙・光・影・電気音
その他	海・陸・川・湖・池・山

（空欄は、地域や園に合わせて書き加えてください）

④社会を認識する言葉

〈1〉社会に関する抽象的な名詞

季節	季節・春・夏・秋・冬・正月・行事・運動会・たなばた・いもほり・お正月
国・宇宙	国・日本・外国・世界・地球・宇宙
人の呼称	ぼく・わたし・あなた・きみ・わたしたち・ぼくたち・いとこ・おやこ・きょうだい・しんせき・かぞく・まご・むすめ・むすこ・人・人間・日本人・外国人・男・女・小学生・中学生・高校生・大学生・夫婦・大人・子ども・赤ちゃん
関係	自分・ともだち・仲よし・なかま・けんか・内緒・うそ・気持ち・交代・順番・いじわる・仲間はずれ・親切・勝ち・負け

〈2〉子どもの身近な社会に関する名詞

職業	運転手・車掌・消防士・漁師
自動車	乗用車・オートバイ・トラック
船	フェリー・ヨット
電車	機関車・電車・モノレール
飛行機	ジェット機・ヘリコプター
住居	部屋・屋根・窓・玄関・庭
家具	タンス・机・椅子・傘立て・花びん
台所用品	鍋・フライパン・流し・ボウル・ざる
日用品	洗面器・ハンカチ・バスタオル
掃除用品	ほうき・はたき・ちりとり・雑巾
寝具	掛け布団・敷き布団・毛布・シーツ
大工道具	金づち・のこぎり・ドライバー・くぎ
電気製品	洗濯機・冷蔵庫・電子レンジ・テレビ
服	上着・下着・シャツ・帽子・手ぶくろ
靴	くつ・長ぐつ・サンダル・ぞうり
食べ物	野菜・果物・肉・魚・飲み物
呼称	おかあさん・おにいさん・いもうと
身体	からだ・顔・目・唇・耳・目・眉毛
行為	あくび・おじぎ・握手
病気	病気・薬・うがい・血・咳・けが・傷
楽器	ふえ・たいこ・すず・ギター
スポーツ	マラソン・水泳・スケート・スキー

(空欄は、地域や園に合わせて書き加えてください)

⑤生活習慣に関する言葉

飲食	食べる・飲む・かむ・なめる・すする・はき出す・のみこむ
睡眠	寝る・眠る・起きる・(目が) 覚める
身支度	脱ぐ・着る・はく・はおる・はめる・かぶる・着がえる・しまう・濡らす・乾かす・結ぶ・ほどく
調理等	焼く・煮る・揚げる・ゆでる・むく・切る・けずる・炊く・つくる・注ぐ・かける・ぬる・つける・はさむ・まぜる・あえる・こぼす・温める・配る・冷ます・冷やす・沸かす・計る・ちぎる・つぶす・混ぜる・注ぐ・すくう・洗う・しぼる・割る
掃除	掃く・拭く・集める・はたく
洗濯	洗う・しぼる・ほす・かける・たたむ
その他	縫う・刺す・写す・通す・描く・書く・なぞる・編む・塗る・直す・壊す・鳴らす・吹く・弾く・植える・埋める・釣る

⑥身体動作に関する言葉

操作	なでる・さする・もつ・握る・引っぱる・ひねる・はさむ・回す・つかむ・取る・押す・ぶつける・運ぶ・投げる・ささえる・もち上げる・背負う・ころがす・さげる・つなぐ・組む・抱く・動かす・落とす・渡す・開ける・閉める・つまむ・まるめる・かためる・ひねる・掘る・突く・こぐ・つねる・ける・けとばす・ふむ・拾う・捨てる・とりかえる・よける・つかまえる
動作	動く・止まる・はう・歩く・走る・ころぶ・倒れる・はねる・とぶ・立つ・けんけんする・スキップする・足ぶみする・回る・登る・とび上る・降りる・坐る・飛び込む・泳ぐ・浮く・浮かぶ・もぐる・あがる・入る・通る・乗る・追いかける・逃げる・かくれる・かわる・くっつく・来る・離れる・集まる・並ぶ・横切る

※このリストは保育者へのグループ・インタビューの他、以下の資料を参考にした。禿美紗子『モンテッソーリ教育（理論と実践）第5巻 言語教育』学研、1985、湯汲英史『子どもが伸びる関わりことば26―発達が気になる子へのことばかけ』鈴木出版、2006、湯汲英史『感情をうまく伝えられない子への切りかえことば22』鈴木出版、2007、ダナ・サスキンド『3000万語の格差―赤ちゃんの脳をつくる、親と保育者の話しかけ』掛札逸美訳、明石書店、2018、国立国語研究所編『幼児の語彙能力（国立国語研究所報告）』東京書籍、1980。インタビュー11回のうち2回は藤田彩乃が卒業研究（『保育者が子どもに知ってほしい語彙に関する考察』東洋大学ライフデザイン学部卒業研究論文要旨集2018：指導教員 高山静子）で収集したデータを用いた。

④ 集団を対象にした関わり

（1）集団を対象に関わる職務

　保育者が、臨床心理士・社会福祉士・介護福祉士等、他の対人援助職と決定的に違うところは、常に子どもの集団を対象として関わっていることです。また、乳幼児期は遊びを中心的活動とするため、子どもたちが常に動いており、それぞれが異なる活動をしています。保育は、毎日が小学校の総合学習といえます。

　そのため保育者は、一人の子どもと関わっているときにも、他の子どもたちに心を配ります。保育者は、目の前の一人との関わりに心を込め、しかも全体に目を配ろうと努力しています。しかし、個と全体に同時に注意を向けることは、人間業^{にんげんわざ}ではありません。

　保護者の支援についても、面接室などで個別の保護者との面談を中心にする臨床心理士や社会福祉士とは状況が異なります。保育者は、子どもたちを見守りながら、次々とお迎えに来る保護者と対話をします。

　次の（2）～（5）では、子どもや保護者など集団を対象に話をする際の留意点を、環境づくり、話し方、話の内容の三つの視点から示します。

保育者は全体に視線を注ぐ

（2）集団に話をする際の環境づくり
～話に注意を向けることができる環境をつくる

　乳幼児期は、周囲の音環境が悪いほど集中できないことがわかっています。

　話を聞かないクラスでは、まず保育環境が、子どもが落ち着いて事物を見聞きし、友達との会話ができる環境になっているか、視覚刺激と音刺激の量と質を見直してみましょう[1]。

①グループ毎に話をする、またはその機会をつくる。
②集まる場や座る場は、イスやじゅうたん等を用いてわかりやすくする。
③落ち着ける場所、白い壁の前など保育者に注意を向けやすい場を選ぶ。
④全員が話をする人に体の正面を向けられるように姿勢の指示をする。
　椅子を使う。
⑤輪をつくって話をする。
⑥説明をする場合には、保育者は、全員と視線が合う位置に立つ、または座る。
⑦集中できる音環境をつくる。窓を閉める。
⑧小さなベルなどの音の補助を使う。小さな声で話す。
⑨黄色や赤など注意を引きつける色の小さなパペットなど、視覚的な補助を使い、
　視線を集中できるようにする。

話に集中できないクラス

（3）集団への話し方
～保育者が注意を相手（子どもや保護者等）に向ける

　日本の幼稚園や保育所は、クラス規模が大きく、1クラス30人を超えるところも少なくありません。OECDの調査では、保育者一人に対する幼児の人数基準は、調査国の中で最大です[2]。

　5人の幼児に話をするよりも、30人の集団に話をする方が、技術が必要になります。そのため日本では、手遊びなどが子どもたちを引きつけるための手段として使われてきました。また「お話してもいいですか」「いいですよ！」「ピッ！」「手は後ろ！」といった号令も見かけます。しかし小学校や、学校以外の場面では、号令をかけたりおもしろおかしく引きつけたりする人がいるとは限りません。子どもは、保育者に引きつけてもらって話を聞くのではなく、自分で自分をコントロールして、相手の話に集中して聞く姿勢を身につける必要があります。

　集団に対して話をする場合には、保育者がまず相手に関心を向けます。会話はキャッチボールと同じで、相手に話を受けとめてもらえるように配慮します。相手がまだ準

集団への話し方

①全員が視野に入る位置に立つ（両手を90度に広げてその範囲に入るように）。

②全員の注意が保育者に向くまで待ち、全員の注意が向いてから話をする。

③一人ひとりと視線を合わせながら話す。

④全員に声が届くように声を出す。大きな声ではなく、その場で相手の体に届く声で話す。

⑤相手（子どもや保護者等）の状態に合ったスピードや声で話す。相手が早口のときには速い口調で。相手が緊張しているときには穏やかな口調で話す。

⑥子どもの気持ちや体が落ち着かない場合には、いったん声を出すことや体を動かすことを促し、次第に静かな手遊び等へ移行し、体が落ち着くようにする。大人であれば、おしゃべりや休憩をする時間を取る。

⑦集中できない体の状態のときには、話を止めて別の機会に話をする。

(1) 高山静子『改訂 環境構成の理論と実践～保育の専門性に基づいて』郁洋舎、2021
(2) OECD Starting Strong III OECD Publishing 2012

備ができていないのにボールを投げても、受け取ってはもらえません。集団に話をするときにも、まず相手が話を受けとめる準備ができているかを確認します。

（4）集団への話の内容
～参加を促し肯定的でわかりやすい内容を話す

　相手が、話の内容に参加できる工夫をします。たとえば「明日の動物園では～しないでね」と一方的に話をするよりも、「動物園のなかで注意をした方がよいことには、何がありますか？」と質問して、出された意見をホワイトボードに書く方が、子どもが考えを表現し、理解することもできるでしょう。このことは保護者に対しても同様です。

集団への話の内容

①集団に対しては、
　本当に必要なときに、
　必要な内容の話をする。

②相手の興味や関心に合っている
　内容を話す。
　相手の関心から話を始める。

③相手が尊重されていることを
　感じとることができる、
　肯定的な内容を話す。

④シンプルに話す。
　くどい話は、内容を
　受けとめにくくなる。

⑤相手の立場に立って、
　わかりやすい言葉や内容を選ぶ。

⑥大事な部分はゆっくりと、
　悲しい話は悲しく、楽しい話は
　楽しく、言葉に表情をつける。

⑦説明の場合には、
　視覚的な補助を使う。

⑧話の内容に、
　相手の参加を促す。

子どもの参加を促す

（5）顔の表情、言葉の表情

　保育者の言葉は、子どものモデルです。保育者が「やばい」を連発していると、子どもたちも「やばい」と言うようになります。保育者がモゾモゾと話していると、子どもは指示を聞き取れず混乱します。保育者は、子どもの言葉のモデルとして、聞き取りやすい発音で、話をしたいものです。

　話をする際には、楽しい話は楽しい声で、真剣な話は真剣な声で、内容に合わせて声にも表情をつけます。また重要な言葉は、ゆっくりはっきりと話します。どんな話でも同じ口調では、幼児にはわかりにくいものです。

　また、顔の表情や動き方も、意図的に活用します。イキイキとした活動のときにはイキイキとした表情や動きをし、真剣な話をする時には、真面目な表情で話をします。自分の表情や動きも話の内容に合わせて演出してみましょう。

第3章

チームの質を高める
関わりの技術

① 自分の意見や限界を伝える

（1）身につけたい意見の出し方

　保育は、チームで仕事をします。とくに保育所や認定こども園の０・１・２歳児のクラスや、朝夕の保育では、保育者同士がお互いの動きを見て、助けあいながら仕事を進めています。

　保育は複数の子どもたちを対象とし、専門知識と価値観を元に行動する、とても複雑な仕事です。そのため、一緒に仕事をしている保育者と、意見が異なることが頻繁に起きます。保育者同士、意見の違いを感情的な対立にしないためには、相手に配慮をした意見の出し方と意見の受けとめ方を、身につけておく必要があります。

　相手の価値や考え方を受容することについては、養成課程では様々な科目で学び、保育と保護者の支援で日々トレーニングを積むことができます。しかし、意見を出すことに関しては、学校や研修でトレーニングを受ける機会はとても少ないと考えられます。

　チームで働く保育者として、身につけておきたいスキルには３つあります。①アサーティブな表現方法、②Ｉ（アイ）メッセージで伝える、③会議での発言マナーです。それぞれに専門書が出版されています。

（2）アサーティブな自己表現を身につける

　相手にうまく意見を伝える言い方を身につけていない場合、チームの人間関係を壊してしまうことがあります。たとえば、相手への配慮なしに、攻撃的に意見を言う人や、いつも自分の意見を押し通そうとする人は、周囲から敬遠されがちです。反対に、

言いたいことがあっても、我慢ばかりしていると、相手への不満がたまり突然爆発してしまうことや、抑うつの状態になることもあります。

　相手の意見と自分の意見が異なるときに、うまく自己主張ができるようになるトレーニングがあります。それがアサーション・トレーニングといわれるものです。

　アサーティブな自己表現とは、相手を尊重しながらも、自分の気持ちや考えなどを、率直に、その場にふさわしいかたちで、表現することを指します[1]。

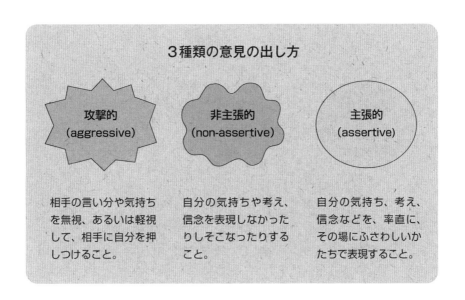

3種類の意見の出し方

攻撃的
（aggressive）

非主張的
（non-assertive）

主張的
（assertive）

相手の言い分や気持ちを無視、あるいは軽視して、相手に自分を押しつけること。

自分の気持ちや考え、信念を表現しなかったりしそこなったりすること。

自分の気持ち、考え、信念などを、率直に、その場にふさわしいかたちで表現すること。

　たとえば、親が仕事から疲れて家に帰ると、子どもが食卓のテーブルやリビングをひどく散らかしていたとします。そのときに「どうしてこんなに散らかすの！片づけなさい！」と子どもを怒鳴りつけるのが攻撃的な対応で、イライラしながらも我慢しているのが非主張的な対応です。

　このようなときに、アサーション・トレーニングでは、次のような台詞づくりを行い、さわやかな伝え方を練習します。

　①描写する‥‥状況や行動を客観的に描写する。
　②表現する、説明する、共感する‥‥自分の気持ちを感情的にならずに伝える。
　③提案する‥‥相手に望む行動、解決策、妥協案を提案する。
　④選択肢を示す‥‥相手をおどかすものでないように注意する。

（1）平木典子『改訂版 アサーション・トレーニング―さわやかな〈自己表現〉のために』金子書房、2009

この場面のアサーティブ（主張的）な台詞づくりでは、次のような例が考えられます。

①描写する‥‥「仕事から帰ってきて家が散らかっていると」
②表現する、説明する、共感する‥‥「私はイヤな気持ちでいっぱいになって怒鳴りたくなるので」または、「片づけに時間がかかると夕食が遅くなるので」
③提案する‥‥「おもちゃを片づけてほしい」
④選択肢を示す‥‥「続きをやりたかったら、テーブル以外のところに移動してほしい」

　これらを全部伝えなくても、「晩ご飯をすぐに食べられるように、テーブルの上を片づけてね」だけでも伝わることの方が多いでしょう。
　「ほんとにお母さんを困らせることばかりするんだから」、「あなたはいつも散らかしてばかりいるんだから」は、客観的な描写ではありません。「おもちゃを片づけないと晩ご飯は抜きよ」と脅す必要もありません。

アサーティブな言い方が相手に伝わりやすい

（3）Ｉ（アイ）メッセージで伝える

　大人が、コミュニケーションのスキルを高めるためには、アサーション・トレーニングの他にも、コーチング [1] や、カウンセリングなどもあります。とくにコーチングは、未来を志向し、相手と一緒に考える手法であるため、保育や保護者の支援、実習生や後輩の指導などに用いやすいスキルを多く含んでいます。コーチングのスキルには、相手の話の聞き方、相手の考えや感情を引き出す様々な質問の仕方などがあります。

　また、相手に伝わりやすい意見の出し方として、「Ｉ（アイ）メッセージで伝える」手法があります。相手に何かを伝えたいときには、自分を主語にする言い方と、相手を主語にする言い方があります。相手を主語にするＹＯＵメッセージでは、「あなた」を主語にします。たとえば「○○さんて、優しいよね」というと、「そんなことないです」と否定されがちです。「○○ちゃんは、どうしてそんなにひどいことを言うの！」と言うと、相手に感情的に反発されやすいものです。

　これに対して、自分を主語にするＩ（アイ）メッセージでは、「わたし」を主語にして話します。たとえば、「（わたしは、）○○さんのおかげでとても助かりました。ありがとうございました」。「（わたしは、）○○ちゃんがそう言うと、とっても悲しい」という言い方です。

　このように、ＹＯＵメッセージよりも、Ｉ（アイ）メッセージの方が、相手に伝わりやすいものです。

（4）目標に向かって意見を出す

　会議で意見を出す際にも、他の人の意見をよく聞き、それらを受けとめた上で、上記のアサーティブな表現方法や、Ｉ（アイ）メッセージで発言することが有効です。

　加えて、会議では短くわかりやすく発言する技術が必要になります。貴重な時間で行う会議を有意義に進めるには、一人ひとりがマナーを守って発言します。

　　①テーマに沿った内容を発言する。
　　②会議は飲み会ではない。思いついたことを話して、話を広げない。
　　③発言は独占しない。一人が何度も発言することは避ける。
　　④発言は短く、２分以内にまとめる。５分以上一人で話すのは、マナー違反。
　　⑤最初に結論を話して、その理由を話す。

---

[1] 奥田弘美、本山雅英『メディカル・サポート・コーチング入門―医療者向けコミュニケーション法』日本医療情報センター、2003、和久田ミカ『叱るより聞くでうまくいく 子どもの心のコーチング（中経の文庫）』KADOKAWA、2016 など

ルールを守って意見を出す

会議は、目標に向かって意見を出しあうチームプレー

- 人の意見を、すなおに、正確に、聞く（正確にパスを受け取る）
- 自分の意見を、I（アイ）メッセージで表現する
  （相手が受けとめやすいパスを出す）
- 提案型で意見を出す（少しでもゴールに近づくパスを出す）
- AかBかで考えず、どちらもOKになるCを探す
  （Aにパスか、Bにパスかを超えてトリプルプレーでゴール）
- Cがない場合には、折りあいをつける（よりゴールに近いAにパス）

チームワークを壊す違反プレー

- 攻撃的に意見を出す（受けとめられないボールをキック）
- 意見の批判・批評をする（ゴールとは違う方向へボールを蹴る）
- 一人で長くしゃべる（ボールを独占する）
- 自分の意見が通らないと怒る（どうしてうまく取らないの！と怒る）
- 意見を全く出さない
  （パスを無視する、30センチでも蹴った方がいいのに）

チームで働くときには、自分の意見が100%通ることはありません。職場で働くためには、「自分の意見が2割通ったら上出来」といった感覚をもっていないと、不平不満だらけになります。

　自分の意見は、他の人の意見とつなげて、出していくと良いでしょう。会議は、あるテーマに対して、みんなでゴールを決める、相手チームのいないサッカーのようなものです。

　ボールを独り占めしたり、反対のゴールに蹴ったりせずに、お互いに前向きなパスをしながら、課題解決のゴールに向かっていくのが会議です。

　会議の進め方については様々な本が出版されています。会議の進行役をする主任や主幹教諭は、ファシリテーター（促進する役割を担う人）の本を読み、スキルを身につけることもできます[1]。

（5）不当な攻撃にはどのように対応するか

　保護者や保育者の中には、攻撃的な行動をとる人もいます。たとえば、怒鳴る、無視する、物を投げる、悪口を言う・悪口を書き込むなどです。そういう人が一人いると、職場の人間関係が壊れ、退職者が増えます。

　保育者は、感情を表に出してはいけないと考えられがちですが、対人援助では、感情は意図的・効果的に表出します。たとえば、子どもが保育者に「死ね」と言ったときには、「私は○○ちゃんに死ねと言われると、とても悲しい」と、子どもに伝わる表情と言葉で、（悲しい）感情を伝えます。同様に、相手が大人でも、ネガティブな感情を、意図的に出すことが必要なケースもあります。

　たとえば、子どもが転んで擦りむいたときに、保護者に「ちゃんと見てないなんて、先生失格だね」と人格を否定する言葉を言われる場合には、感情を押し殺すことのみが良い対応であるとは限りません。

　保育者は、どんな場合にも、どんな相手にも、笑顔で優しく接しないといけないと思う必要はありません。相手が保護者でも同僚や園長であっても、突然怒鳴られたときに顔がひきつり、涙が出るのは自然なことです。人格の否定に対しては、「そのように言われると、とても悲しく思います」と、深く傷ついたことを伝えてもよいのです。怒鳴ったり物を投げたりする相手には「すみませんが、トイレに行って来ます」と、その場から逃げてかまいません。相手が保護者の場合には、「私ではうまく対応ができませんので、園長を呼んでまいります」と、園長や主任と話を替わってもらうとよいでしょう。攻撃からは逃げていいのです。

(1) 谷益美『リーダーのための！ファシリテーションスキル』すばる舎、2014

（6）攻撃されても自分を攻撃しない

　攻撃的な人は、反撃しない人、告げ口をしない人を選んで攻撃します。そのため（他の人には怒鳴らないのだから、怒鳴られる自分が悪い）と思い込みがちです。しかし攻撃的な態度は、攻撃する人自身に問題があります。一人で抱え込むことなく、すみやかに主任や園長へ相談しましょう。

　カウンセラーの高山直子は、人との適度な距離感のとり方や、接し方である「ピープル・スキル」を紹介しています。保育者は、ときに執拗（しつよう）な苦情や、攻撃的な同僚から、心を守るスキルが必要になることもあります。健康な心でいられるために「あなたの権利章典」をここで紹介します [1]。

あなたの権利章典（Your Bill of Rights）

あなたがあなたらしくある権利
あなたがまず自分を第一に考える権利
あなたが安全を確保する権利
あなたが怒りを感じ、表現する権利
あなたが人としての尊厳を失うことなく扱われる権利
もし不公平に、暴力的に扱われた場合、あなたが怒り抗議する権利
あなたが人間らしくある権利（完璧ではない）
あなたが自分の意見を持ち、表現し、それを真剣に受け止めてもらう権利
あなたの人生に影響のあることに関して質問する権利
あなたに影響のあることについて決断する権利
あなたの気持ちが変わる権利
あなたが「ノー」という権利
あなたが失敗をする権利
あなたが自分の限界と優先順位を設ける権利
あなたが他の人の問題に責任を負わない権利
あなたが好かれない（嫌われる）権利
あなたが自分以外の人の期待に沿った生き方をしない権利
あなたが「スーパーウーマン」「スーパーマン」でなくてもいい権利
あなたが人に助けを求める権利
あなたが自分を許す権利
あなたが自己主張しない権利
あなたが幸せに感じていないのであれば、自分の人生をコントロールし、変えていく権利

2 互いの強みと弱みを生かした関わり

（1）すべての人に完璧に関わることはできない

　保育は、人との関わりが職務の中心です。自分とは能力も考え方も異なる他者と、日々関わるのですから、「満点」も「完璧」もない仕事です。

　保育者がもしも、「すべての子どもに寄り添う保育者」とか、「毎日、どの子どもに対しても完璧な関わりができる保育者」とか、「どの保護者ともうまく関わる保育者」、「同僚といつも意見が一致する保育者」といった、非現実的なイメージをもっていると、とても苦しくなるでしょう。

　野球では、3割打者は秀逸なプレーヤーです。保育者も、誰からも好かれ、朝から晩まで完璧な仕事ができる10割打者を目指す必要はありません。

　また、ピアノも、造形も、絵本も虫もすべてが得意という保育者はいません。全員が完璧な保育者になることを目指すよりも、「○○さんは～が得意だね」と互いの強みを認めあい、助けあいながらチームで保育を行う方が、子どもたちの良いモデルになると考えられます。

保育者も完璧でなくていい

一人ひとりがすべてを
完璧に？

・ピアノが上手
・造形も完璧
・運動も完璧
・説明も得意

補いあって
お互いさまでOK！

ピアノが上手

昆虫には
くわしいよ

絵本タイムは
まかせて

文章作成は
お手のもの

(1) 高山直子『働く人のための「読む」カウンセリング―ピープル・スキルを磨く』研究社、2010

（2）多様性も、また豊かさ

「人によって保育観は異なるから、関わり方も違う」と聞くことがあります。しかし、専門知識に基づいて保育を行う場合には、ある程度、保育観は共通し、気持ちを受容する、相手への期待を示すなどの関わりの共通点も増えるはずです。

とはいえ、どの保育者も全く同じ言葉を話し、同じ行動をすることも、また不自然です。社会には、多様性があります。自然も人間も、もともと多様であり、子どもたちは多様性のなかで生きていきます。「子どもには、保育者は全員が同じ関わり、同じ対応をしないといけない」と考えていると、人が違う対応をするとイライラするのではないでしょうか。

少し厳しい人や、ゆるい人がいていい、多様性のある人的環境は、子どもにとって豊かな環境だととらえると、保育者は気持ちを楽にして保育ができます。

ただし新任の保育者の場合、ある程度の型があり模倣から始める方が、一定の質を保ちやすくなります。その際「なんのためにそうするのか」根拠も同時に伝えることで身につきやすく応用しやすくなるでしょう。

性格も、凸凹がある方が保育は豊かに

全員そろって、ちょうどいい！

（3）保育者や実習生を指導するとき

　新任保育者の指導では、「見て学ぶ」、「察して理解する」ことを求めるより、文書にして伝える方が有効な場合があります。口頭では、ちょっとした指摘で落ち込む人もいるため、保育者や実習生への指導が難しくなっています。園長や主任が、どんなに心のこもった指導を行っていても、「私を嫌いだから注意をしている」と好き嫌いと結びつけ、保育者から悪口を書かれる等のモラル・ハラスメントに悩む例もあります。まずは、最初に書面で保育者として、してほしいこと、してはいけないことを具体的に伝えます。

　保育者や実習生に口頭で指導する際には、相手の受け止め方に留意をします。とくに言いにくいことを伝える際の配慮には、次のようなことがあります。

　　①後輩や実習生等に指導をする場合、子どもや他の保育者の前で大声で叱責しない。そばに行って必要なことを伝える。
　　②指導する方の人数は、多くても二人まで。一人の後輩や実習生に対して、三人以上で意見を言うことは、不適切な伝え方になる。
　　③枕言葉を使う。「ちょっといいにくいことなのですが」、「あくまでも、私の意見なのですが」、「何か誤解があったのかもしれないのですが」など。
　　④相手に状況や意見を聞く。「私には〜のように見えたのだけれど、どうしましたか」、「何か理由がありましたか」、「どうすればいいと思いますか」など。
　　⑤指導する内容は、他の人が聞いても、録音されても、SNSで発信されたとしても、問題のない適切な言葉を選ぶ。
　　⑥具体的にどうすればよいかを伝える。「××するようにお願いしていいですか」、「○○のときには○○をお願いします」など。

　相手が幼児でも大人でも、伝わりやすい意見の出し方は、相手を尊重し、相手の気持ちや考えに配慮をした伝え方です。関わりの原則は、保育でも保護者の支援でも実習生の指導でも同じです。日頃から子どもを尊重した保育を行っている保育者は、同僚や実習生に対しても、相手を尊重した関わりを行おうとしていることでしょう。

第4章

専門職にはふさわしくない 関わりをなくす

　大切な子どもたちを預かり、教育と福祉を行う専門職としては、誰が保育をしても、ある一定以上の関わりの質を保たなければなりません。保育者の関わりの最低基準をつくるとするならば、それは「子どもが人と世界への信頼感と、自己肯定感をもつことができる関わり」であると考えられます。

　子どもに「人や世界を信頼するように育ってほしい」と願うのであれば、保育者がまず、子どもへの信頼にあふれた保育を行う必要があります。

保育者の関わりの最低基準

子どもが、

　人と世界への信頼感と自己肯定感を

　　　持つことができる関わり

① 教育と福祉の専門職にふさわしくない関わり

（1）保護者への人権侵害

　幼保の一体化により、貧困等の高い福祉ニーズをもつ保護者を受け入れる範囲が、保育所以外に拡がっています。保育士であれ、幼稚園教諭であれ、教育と福祉の機能を果たす現場で働く保育者は、専門職としての倫理を保持する必要があります。

　現代は、テレビやインターネット等で、他者に対する侮蔑や差別的な発言等、日常的に人権侵害を見聞きする時代になり、保育者もその影響をさけることができません。

差別的な言葉の例

出自	「あの地域だから」
経済状況	「破産したんだって」 「団地の子どもだから」
社会的地位	「お父さんは、フリーターなんだって」
思想・信条・宗教	「宗教みたい」 「お父さんは〇〇党だから」
人種	「お母さんは〇〇人だから」
性別	「お母さんなのに朝食もつくれないなんて」 「男みたい」
年齢	「ヤンママだからね」 「あのママ、16歳で産んだんだって」
その他	「母子家庭だからね」 「父子家庭だからね」

また、
うわさ話!?

Aくんのうち、
生活保護
らしいよ

親が
〇〇教なんで
すって！

必要のない興味本位の情報共有は倫理違反

保育者は、より高い意識をもって専門職としての倫理をもち、保護者と子どもを、出自（出身地等）、人種や民族、性別、年齢、障害や疾病、信仰している宗教、職業や社会的な地位、経済状況等によって、レッテル貼りをせず、差別的な言動をしないように留意する必要があります。

（2）保育者の偏見が子育てに及ぼす影響

　「保育所を利用する10代で出産した保護者に対するアンケート調査」では、子育てで大変なこととして、父親がいないことや経済的な困難の他に、「偏見で見られること」をあげています[1]。

　保育所でつらかったこととして、「年齢で若いと判断して他のお母さん方と対等に接してもらえなかった」、「子どもが失敗したりすると、私が若いからだと言われ、つらかった」、「どうして母子家庭となったかを根ほり葉ほり聞かれた」、「自分（母）の育った家庭環境まで立ち入ったことを聞かれた」等をあげています。

　若年出産をした保護者の多くは、不安定な家族関係のなかで生活しています。また経済的にも不安定で将来への不安を抱いているかもしれません。それに加えて、「若い親だ」という周囲の偏見や圧力が加われば、不安を強め、自信を失ってしまうでしょう。周囲の偏見は、安定した子育ての妨げになると考えられます。

　この調査の自由意見には、「先生ともっとコミュニケーションを取りたかった」、「若

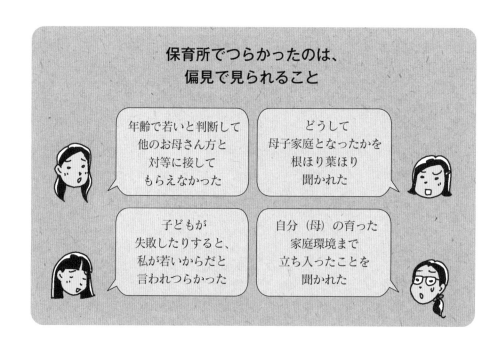

い母だというだけで、何もできないと決めつけてしまう人もいますが、固定観念を捨てて、他の母親と同じように見てくるとうれしい。母としてはまだまだなのは自分でもわかっているので、素直に相談できるような保育者がいればと思う」との意見がありました。

　保育所と認定こども園はもちろんのこと、幼稚園であっても、保育者が専門職としての倫理に反した行動を行なった場合には、保護者を傷つけ、家庭の安定と子どもの人格形成に悪影響を及ぼす可能性があります。

（3）保育の専門職としてふさわしくない言葉

　次ページのイラストは、事例と保育者へのインタビューから、先行研究を参考に保育者が専門職として使用することがふさわしくない言葉を集めて類型化したものです。相手が大人であれば言わないような言葉は、相手が小さな赤ちゃんや幼児でも、使うことは不適切です。

　保育者の関わりの質は、子どもの表情や行動に影響を与えます。保育者が子どもを大切に関わっていると、子どもたちの表情は明るく安心したものになります。担任が子どもを傷つける言葉が多いクラスでは子どもの表情は固くなります。泣く、わめくなどの不安定な行動も多く見せます。また子どもを尊重しない言葉を使用していると、子どもとの信頼関係が崩れ、ほめたり叱ったりしないと話を聞かないクラスになります。

　保育者が脅しや厳しさでクラスを統率している場合には、子どもは、園以外の場所や小学校で、自律的にルールを守ることが難しくなります。保育者は、子どもたちが、大人にほめられなくても、叱られなくても、号令をかけられなくても自分で考え行動できるように関わることが大切です。

⑴　社会福祉法人東京都社会福祉協議会 保育部会調査研究委員会「10代で出産した母親の子育てと子育て支援に関する調査」社会福祉法人東京都社会福祉協議会 保育部会調査研究委員会、2003

保育の専門職としてふさわしくない言葉の例

脅し

早く片づけないと
鬼が来るよ！

この他、「おばけ（○○先生）が来るよ！」「置いていくよ！」「自分で〜しないと先生はやらないよ！」「これ食べないと〜あげないよ」など。

行動や
人格の否定

いっつも遅いんだから。
○ちゃんのせいで、
みんな迷惑だよ

この他、「○○ちゃん、おまちがえさん」、「○○ちゃん、ビリ！」、（子どもの前で）「この子の足って変だね」など。

否定的な感情
の吐き出し

ウンチくさーい！
「おしえて」って
言ったじゃん！

バカ
なの？

この他、「何やってんの!?」「またおしっこ出たの？」「だから言ったのに！」「何でそんなことするの？」など。

罰の示唆

泣いていると、
あのお部屋に
入れるよ！

控え室

この他、「保育室から出て行ってもらうよ」、「そこに立ってなさい！」など。

執拗に長い説教

あれは△ちゃんが使ってたんだよね？　それを取ったらダメなんだよね？　「貸して」って言うんでしょ？　いきなり取るから△ちゃんが怒ったんだから、「貸して」って言えばよかったんでしょ？　なのに、○ちゃんが…

くどくど
くどくどくど…

強　要

食べなさい！

これらをなくすヒントは、本文 pp.98-105 にあります。

子ども同士の比較

Bくんはできるのにね～

この他、他の子の前で「○ちゃん好き～」と言う、など。

あきれ

いつまで食べてるんだか…赤ちゃんみたい

はぁ

この他、「こんなこともできないのね…」などと、あきれてみせる、など。

冷やかしやからかい

まぬけなおサルみたいウケる～

この他、子どもの作品などを「なにこれ？○○みたい」と茶化す、など。

謝罪の強要

「ごめんね」は？「ごめんなさい」は？

保護者の否定

ママそっくりね。全然、話を聞いてないんだから！

この他、その子の前で「○ちゃんのお母さんは、しつこいから…」など否定的なことを言う、など。

乱暴な言葉

ふざけてんじゃねえよ！超むかつく！！

② ふさわしくない関わりをなくす環境づくり

（１）関わりの質は物的環境と時間の環境に影響を受ける

　保育者の関わりの質は、空間や時間の環境構成に影響を受けます。

　保育者へのインタビューでは、子どもとていねいに関わりたいと願っていても、つい「ダメ」「早くして」と言ってしまう理由として「気持ちのゆとりがないこと」があげられました。

　保育者の指示に従って一斉に同じ遊びや生活を行う保育では、保育者は、「みんな座って」「次はこれをして」と指示を出し、子どもたちに何かをさせることに忙しくなります。保育者が子どもの集団に指示を出し、声をかけることで忙しいと、気持ちのゆとりがなくなります。保育者の気持ちにゆとりがないと、子どもの気持ちや考えを聞くことや受け容れることは難しくなります。

　関わりの質を高めるためには、まず保育の内容が、指針や要領に示される「子どもの主体的な活動を中心

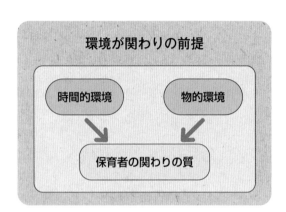

環境が関わりの前提

時間的環境 　物的環境

保育者の関わりの質

一斉に動かそうとすると、ていねいな関わりは難しい

とした保育」であり、物的環境と時間の環境が整っていることが前提です。

　保育者がていねいに関わるゆとりがない場合は、まず、物的環境と時間の環境を充実させ、子どもたちが自分で主体的に生活できるように、環境を整えることが不可欠です。

（2）物的環境を変えれば保育者に気持ちのゆとりが生まれる

　体育館のような保育室で、子どもが主体的に関わる環境が整えられていない場合には、保育者は毎日何かを子どもにさせることになります。ブロックやままごと程度しかない保育室では、子どもは保育者の周囲に集まります。

　保育者が全員に同じ遊びをさせる園では、保育者は、自分がすることと子どもにさせることで精一杯になり、子どもの気持ちを受け容れることや、一人ひとりの差異に対応することが難しくなります。

　また、事故の危険がある場では、保育者は子どもの行動を止めることや大声を出すことが多くなります。保育室も園庭も、大きな事故やけがが起きないように環境を変えます。それによって保育者が気を張りつめることなく、ゆったりと見守ることができるようになります。

　下の写真のように子どもの興味関心にあった環境が整えられた園では、保育者は子どもの様子を見守りながら、子どものリズムや欲求に応じて個別にトイレに誘うことができます。保育者がゆとりをもって、一人ひとりに応じたていねいな関わりをするためには、まずは物的環境を整えます。

子どもが主体的に遊ぶ環境が整えられた保育室

（3）時間の環境を整えればゆったりと関わることができる

　子どもに対して一斉に同じ行動を求める保育では、どんなに良い保育者であっても、子ども一人ひとりのリズムや発達の個人差に応じた関わりは難しいものです。とくに１、２歳児クラスでは個人差が大きいため、待つ時間も長くなります。また朝食の時間は、家庭によって２時間程度の差があります。その子どもたちに一斉に給食を食べさせ、一斉に午睡をさせようとすれば、保育者の過剰な声掛けが必要になります。一斉に同じ活動をする保育では、保育者の関わりは、どうしても子どもを集めることや、急がせることと待たせることが中心にならざるを得ません。

　これに対して、子どもが自然な流れで食事や午睡をし、個人差に配慮をした時間の環境を整えている園では、発達がゆっくりの子どもも、身体に障害がある子どもも、それぞれが自分のペースで着替えをし、移動や準備をすることができます（写真）。そこでは保育者は、子どもを急がせることや待たせる必要がありません。

　保育者のていねいな関わりは、ゆとりのある時間の環境によって生まれます。

子どもが自分のペースで食事をする

（4）望ましい関わりのモデルがあれば関わりの質は高まる

　関わりは相互作用です。保育者が、ゆったりと子どもに関わるようになれば、子どもたちも情緒的に安定し、困った行動が減っていきます。すると保育者は、子どもと、より良い関係をつくることができます。わが子が笑顔で保育者のことが大好きであれば、保護者も安心し保育者に信頼を寄せます。この関わりの連鎖の中心は、園の責任者であり、マネジメントの中心者である園長だと考えられます。

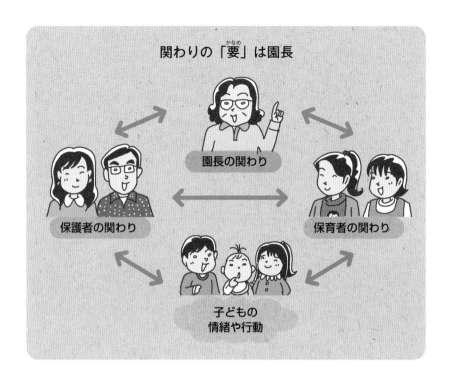

関わりの「要(かなめ)」は園長

園長の関わり

保護者の関わり

保育者の関わり

子どもの
情緒や行動

　園長と主任等から、いつも頑張っているところを見つけてもらい励まされている保育者は、子どもや保護者を、心から励ましたくなるでしょう。人の行動の真似は行いやすいものです。ゆったりとした時間とおだやかな空間があり、あたたかな園長や主任がいて、自分の意見や感じたことを安心して発言できる職場で働いていれば、保育者の笑顔は増えることでしょう。

（5）人による差を埋める行動規範や服務規程の作成

　人による質の格差を埋めるために、法人や団体による服務規程により最低限度のルールを示している園もあります。職員の人数が多く短時間勤務の職員が多い保育所や認定こども園ほど、文書として行動基準を作成する必要性は高いと考えられます。

　行動規範を詳しく決めて示すことには、三つの利点があります。一つ目は、自らの行動基準が定まり、実践で生じる悩みの解決の糸口が見つかることです。二つ目は、専門職としての価値と行動の共有によって、同僚同士の感情的な対立や攻撃を防止できることです。三つ目は、利用者に保育者の社会的責任を示すことにより、社会的地位の向上や待遇改善につながることです。

　行動規範や服務規程をつくるプロセスも、質向上につながります。たとえば主任が服装を注意するよりも「教育の専門職としてふさわしい服装」のテーマで、職員全員で話し合う方が、それぞれの服装に関する考えや価値観を共有しあう機会になります。

（6）それでも体罰や暴言が改善されないときには

　保育者による子どもへの体罰や暴言が改善されない場合には、見聞きした職員が、速やかに園長や主任等へ相談します。同僚によるハラスメント行為も、我慢したり自分で解決しようとしたりせずに、園長や主任等に相談することが望ましいでしょう。

　園長と主任等は、子どもへの体罰や心理的虐待を行っている、子どもの安全を確保できない、同僚をいじめるなど、保育に大きな支障をもたらす行為に対しては、適切な指導を行い、最低限度以上の保育の質を確保する義務を負っています。人権侵害行為はすみやかに止め、保育者全員が「してはいけない行動」を知り、関わりの技術を習得できるように園内研修を行います。

　万が一、管理職による指導が望めない場合には、保育者は、子どもの最善の利益を守る専門職として、その事実を通告し、子どもを守る義務があります。通告は匿名でできます。市町村の保育担当課等複数の窓口に、保育者が虐待を行っている事実を速やかに通告しましょう。

③　ふさわしくない関わりをなくす専門知識

（1）関わりの質に影響を与える専門知識
　　　～相手が保護者でも子どもでも

　知識があれば必ずしもできるわけではありません。しかし、知らないことはできないし、見たことがないことは真似できません。

　保育者の関わりの質に影響を与える専門知識には、目的・対象・方法に関する三つの知識があります。

　まず一つ目は、目的に関する知識です。子どもの保育、保護者を支援する目的は何かということです。子どもや保護者を喜ばせることを目的としている保育者は、相手を楽しませ喜ばせる関わりをします。保育者が子どもを楽しませることを目的にしているのか、それとも子ども自身が今を幸せに生き、生涯幸せに生きる力を獲得することを目的としているかによって、関わりの質は変わります。

　他者を支援する目的は、相手が子どもでも保護者でも、その人自身が自立し、支援が不要となることが目的です。

　二つ目は、対象に関する知識です。保育者が人間をどのような存在だととらえているかということです。保育者のもつ人間観は、子どもの保育にも、保護者の支援にも、実習生の指導にも影響を与えます。保育者が支援する対象者は、自分とは異なる家庭

で育ち、異なる能力と志向性や経験をもっています。保育者が、自分の個人的な主観で、相手をとらえているのか、教育と福祉の専門職として、専門知識に基づいて相手をとらえるかが、関わりの質に影響を与えます。

　三つ目は、方法に関する知識です。保育は保育の方法原理として、保護者への支援は原則が示されています。ソーシャルワークでは、専門職としての支援の原則は、相手に障害があってもなくても同じです。福祉の専門職としての自覚をもつ保育者は、相手が大人でも子どもでも、どんな能力とニーズをもった相手に対しても、共通する原則を考えることができるでしょう。

　方法の知識は複層的であり、原則のみならず、具体的な技術レベルの知識もあります。乳児と関わる際には、この技術レベルの知識の有無の影響は大きいと考えられます。

（2）専門職としての自覚と専門知識が増えれば、
　　　保護者へのふさわしくない関わりが減る

　福祉はすべての人に必要なものですが、福祉の専門職は、とくに精神疾患を患った、離婚した、経済的に困窮状態に陥ったなど、人生の嵐の時期に伴走する仕事です。

　保育士は、福祉の現場で専門職として職務を行うために、福祉とソーシャルワークに関する科目を学びます。福祉の価値と方法原理は、子どもの保育と保護者の支援を行う上で実践の基盤とするものです。福祉の専門職が、偏見やスティグマ（負のレッテル貼り）、差別、侮蔑、プライバシーの侵害（秘密の暴露）等の人権侵害行為を行わないのは、ごく当然のことです。

　日本では、ほぼすべての子どもたちが保育所・認定こども園・幼稚園を利用しています。どのような保護者に対しても、保育者があたたかなまなざしを向けることができれば、不幸の再生産を防ぐことができる可能性もあります。

　保育者が保護者に対して差別等を行わないためには、教育の専門職としての自覚だけでは不足です。保護者への人権侵害行為を減らす上では、保育者が子どもと保護者の幸福を支援する専門職としての自覚をもち、福祉の専門知識を活用することが有効だと考えられます。

（3）発達の知識が増えれば、
　　　子どもへのふさわしくない関わりが減る

　「やめなさい」「ダメでしょ」「いいかげんにしなさい」のように、子どもの発達の機会を奪う関わりの原因には、発達を理解していないことがあげられます。

　同じ見守っている行動でも、子どもを怒ってはいけないと思って我慢して見守って

いるのと、おもしろいことに挑戦しているなあと思いながら見守っているのは、大き
な違いです。たとえば、子どもがテーブルに登ろうとしているとき、A保育者は腹を
立て「どうして机に登るの！」と怒り、B保育者は（おお、初めて机に登ろうとした！
今日の記録に書かなくては）と考えます。乳幼児期の発達を理解している保育者は、
腹が立つこと自体が少ないのです。

　関わりの質を変えるには、子どもの行動を受け入れようとか、子どもを尊重しよう
と100回唱えるよりも、乳幼児の発達の専門知識をもつ方が有効だと考えられます。
子どもの発達と学習方法を学んで、子どもをよく理解し、子どもが何をしようとして
いるのかが見えるようになると、腹立ちの感情自体が減るでしょう。

　また、発達に合わない活動をやめれば、子どもを怒ることや急がせる必要が減ります。

（4）子ども観・遊び観・保育観が子どもへの関わりに影響する

　関わりの質は、子ども・遊び・保育に関する専門知識に影響を受けます。この3つは、
関わりの質のみならず、行事にも、環境構成にも、日々の保育内容すべてに影響を与
えています。

　たとえば、乳幼児は大人が教えないと何もできないと考えていると、子どもにひっ
きりなしに指示を出し、行動を指導するでしょう。赤ちゃんは自ら環境に働きかけて
学ぶ存在だ、幼児は学びたがっている、自分でやりたがっていると考える保育者は、
子どもが自分でできる環境をつくり、子どもの意欲を引き出すように関わるでしょう。

　保育者の役割を子どもを楽しませることだと考えていると、大声で子どもを引きつ

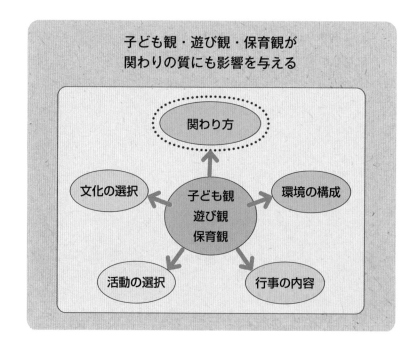

け、子どもを興奮させる関わりが多くなるでしょう。保育者は子どもの遊びの援助者だととらえる場合には、子どもとの対話が中心になるでしょう。

関わりの質を高めるには、まず専門知識に基づいた子ども観・遊び観・保育観を共有することです。

（5）保育の専門性が高まれば保護者からの信頼も高まる

どんなに保育者が専門性をもっていても、保育は、保護者との信頼関係なしには成り立ちません。誰からも好かれる立派な人になる必要はありませんが、どの保護者からも、最低限度の信頼を得られることは保育を行う上では不可欠です。保護者との関係をつくる上では、表情、服装、髪型、化粧などの、見た目を演出することはとても重要です。

たとえば、イラストのA保育者とB保育者では、どちらの保育者に、より多くの保護者が、悩みの相談をするでしょうか。そう思うのは、なぜでしょうか。どちらの保育者の方が、専門性が高そうに見えるでしょうか。そう思うのは、なぜでしょうか。

服装、髪型・化粧などの見た目は、保護者に様々な印象を与えています。服装や髪型によっては、子どもをただ預かって遊んでいるだけの「託児をしている人」のイメージを与えることもできます。反対に、「知識をもっている専門家」のイメージを与えることもできます。

専門知識に基づいた保育を行おうとすれば、保育者の服装も変わります。保育者の専門性が保護者の目に見えるものになれば、保護者からの信頼も高まります。

第3部　演習・園内研修編

関わりの質を高める
スキルアップ演習
（園内研修）

● 18の演習のねらいとテーマ

関わりを学ぶ必要性を知る

演習1 「関わりを学ぶ」必要性を理解する

支援の目標と方法を知る

演習2 支援のゴールのイメージを明確にして、具体的な関わりを考える

演習3 一人ひとりの子どもや保護者を把握し、理解する

関わりの基本を身につける

演習4 応答的に関わる

演習5 肯定的（ポジティブ）な見方と表現を知る

演習6 肯定的（ポジティブ）な話し方を知る

演習7 受容的な関わりを身につける

叱らない関わりを身につける

演習8 赤ちゃんや幼児を尊重するとは

演習9 生活のスキルや社会のルールの伝え方

学びを支えるスキルを高める

演習10 学びを支える保育者の言葉を増やす

演習11 保育者の語彙（ボキャブラリー）を増やす

演習12 言葉の表情を豊かにする

演習13 わかりやすく説明する

自分の意見を率直に伝える

演習14 主張的（アサーティブ）な伝え方を身につける

演習15 Ｉ（アイ）メッセージで伝える

あたたかいチームづくり

演習16 自分の強みと関わりの特徴を知る

演習17 不適切な関わりをチームで共有化する

演習18 信頼を得る保育者の姿を共有化する

子どもや保護者との関わりは、技術として身につけ、高めることができます。ここでは、演習や研修を行う方法や留意点について説明します。

◉ 一人・グループ・数十人～数百人でも可能

演習は、一人で、またグループや園内研修で使用することを想定しています。集合研修や、保育者養成校の授業でもご活用ください。参考資料として明示していただければ、対象・地域・集団に合わせて、自由に変えていただくことを希望しています。

◉ 時間は30分～1時間、保護者懇談会でも使用可

一つの演習の時間の目安は1時間です。話しあう時間を短くすれば30分でも可能です。保護者懇談会の交流のきっかけとして、また子育て支援講座でも使うことができます。

◉ 正解はない、全員が意見を出せる雰囲気づくり

これらの演習には、正解はありません。話しあうことでよりよい関わりを発見する性質のものです。あくまでも話しあいの材料として使ってください。演習は、お茶を飲みながら、リラックスした雰囲気で行いましょう。模造紙やフェルトペンを使って記録を残すと、全員が発言しやすくなります。グループの人数は5人以下が適切です。6人以上になると発言や参加をしない「お客さん」が出やすくなります。

◉ ファシリテーター（進行役）は主任・研修担当者、養成校教員等

ファシリテーター（進行役）には、主任・主幹教諭、研修担当者、養成校教員等が適しています。グループワークでは、ファシリテーター以外の園長や主任はグループに入ってください。グループのなかでは、ベテランの保育者や、主任・園長等は、自分が話しすぎないように留意しましょう。

◉ 受け入れる、聴くことを促す

理論の部分は一人ずつ交代で読みます。読む人は「相手に言葉が届くようにていねいに読むこと」、聞く人は「共感する点に線を引き疑問点には印をつけて内容を読み取ること」を伝えると、話す・聴く技術も高まります。

話し合いでは、お互いに「どう思いましたか」「他にはないですか」等質問をし合い、全員の意見を十分に引き出すように促します。

演習1
「関わりを学ぶ」必要性を理解する

◉ 演習で確認できること　確認したいこと

・保育者の関わりが子どもに与える影響を知る。
・保育者の関わりが保護者を力づけることを知る。
・保育者は福祉と教育の専門職であることを自覚する。

◉ 演習の進め方

① グループ同士の距離をとって、3〜4人のグループをつくって座ります。ファシリテーター役の保育者が、これから本を、全員やグループで読み合うことを説明します。

② 本文「はじめに」(pp.2-3) を、全員で「息を合わせて」読みます。大きな声で読む必要はありません。人の声をよく聴いて息を合わせて全員で読みます。

③ 本文「第1部 第1章 なぜ、専門性に基づく関わりが必要なのか」(p.10) を、全員で「息を合わせて」読みます。または、ファシリテーターが読みあげます。

④ 本文「第1部 第1章 1 子どもの「保育」の観点から (1)〜(4)」(pp.11-14) を、それぞれのグループで、一人ずつ交代で読みます。
読む人は、大きな声で読む必要はありません。読む人は、グループの一人ひとりに届くように声を出し、内容がよくわかるように読みます。聞く人は、疑問点には「?」マークをつける、同感だと思う点は下線を引く、意見が違う点は印を書き込むなど、後で意見交換をしやすいようにメモをしながら聞きます。
本文を読み終わったら、グループでお互いの意見を聞き合います。意見には正解はありません。各グループで、自由に意見を出しあえる雰囲気をつくりましょう。(10〜20分程度)

⑤ 本文「第1部 第1章 2 保護者の「子育て支援」の観点から（1）〜（4）」(pp.15-17) を、それぞれのグループで、一人ずつ交代で読みます。「怒りの仮面」の図 (p.17) に書かれた項目も読みます。

意見交換の際には、全員が意見を出せるように、さきほど自分の意見を多く話した人は、他の人の意見を引き出すようにすることを伝えます。「○○さんはこれについてはどう思いますか？」「たとえばどういうことですか？」などと質問をして、グループ内の意見を引き出すようにすることを伝えます。各グループで本文を読み、意見交換をします。（10〜20分程度）

⑥ 本文「第1部 第1章 3 専門職の観点から（1）〜（4）」(pp.18-21) を、それぞれのグループで、一人ずつ交代で読みます。全部読み終わったら、図の中に書かれた項目も読みます。（10〜20分程度）

⑦ 時間があれば、各グループで出された意見のなかから、とくに全員で共有した方がいい意見を発表します。

⑧ グループでの意見交換の時間は、それぞれの園の雰囲気や経験によって異なります。とくに意見交換が苦手な保育者がいる場合には、グループの大きさを、2〜3人の少数にすると意見を出しやすくなります。

関わりは、専門性として身につけることができる

演習2
支援のゴールのイメージを明確にして、具体的な関わりを考える

● 演習で確認できること　確認したいこと

・日々の関わりは、専門職としての意図をもって行うものである。
・日々の関わりは、目標と関連づけた支援の方法の一つである。
・専門職の関わりは、その場限りに行うものではなく、継続的に行うものである。

● 演習の進め方

① 3〜5人のグループをつくります。
　本文「第1部 第2章 2 支援の目的と価値（1）〜（5）」(pp.27-31) を交代で読みます。

② 各自で、ワークシート（1）（2）に書きます。正解はありません。
　時間は5分程度とります。

③ 模造紙等に、それぞれが出した意見をすべて書き込んでいきます。出された意見は、書きかえたりまとめたりせずに、各自の意見をそのまま書いていきます。共有するために書くので、文字はフェルトペンで大きく書きます。

④ 全員が立ち上がり、他のグループのものを見て回ります。

⑤ この演習を行って気づいたことをお互いに話します。

⑥ 今、気になっている子どもや保護者の事例でワークシート（1）（2）を考えてみましょう。

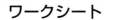

ワークシート

ゴールを明確にして、関わりを考える

17歳で出産したＡさんは高校を中退して子育てをしています。
子どもが8か月になる4月から、保育所を利用することになりました。

（1）あなたは1年後（あるいは卒園時）に、Ａさんに、園や先生や、自分の子どもや、
　　　自分自身に対して、どんな感想や感情をもってほしいと思いますか。
　　　箇条書きで書いてみましょう。

（2）あなたと、あなたのチームは、そのためにどんなことを行いますか。
　　　具体的な行動や言葉を、箇条書きで書いてみましょう。

演習3
一人ひとりの子どもや保護者を
把握し、理解する

◉ 演習で確認できること　確認したいこと

・自分が知っていることは、相手のごく一部にすぎない。
・子どもや保護者は、保育者が専門職として把握しようとすることで理解が深まる。
・チームで異なる立場から異なる視点で見ると、より豊かに相手をとらえられる。
・相手に合わせて、具体的な保育や支援を行うことが必要である。

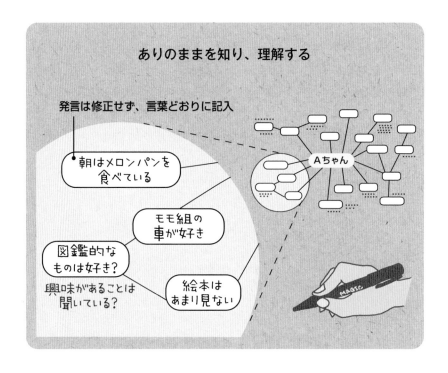

◉ 演習の進め方

① 3〜5人のグループを組み、交代で本文「第1部 第2章 1 人間観〜人間をどんな存在として見るか（1）〜（5）」（pp.23-27）を読みます。
グループには、可能であれば、園長、事務職員等、その子ども（保護者）を知る多様な人に参加してもらうようにします。

② 模造紙の上に「ありのままに知り理解する」と、演習のねらいを書きます。
保育者が理解したいと考えている一人の子どもまたは保護者をあげます。

③ その子どもについて知っていることを思いつくままにあげ、それを記録していきます。たとえば好きな遊び、遊び方、好きな場所、好きな物・こと、嫌いな物・こと、嫌がる物・こと、体の動かし方、動き方、友達・保育者との関わり、生活習慣の自立、病気・投薬、家庭の状況など。
出された意見は、書きかえたりまとめたりせずに、そのまま書きます。共有するために書くので、文字はフェルトペンで大きく書きます。正解はありません。書き方は自由です。

④ 出尽くしたら、それらを読んで気づいたことを違う色のペンで書き込んでみましょう。その子どもの見え方、聞こえ方、感じ方、理解の仕方なども想像してみましょう。

⑤ チームで、できることを考える。
上記であがったことをよく見ながら、園でできることを思いつく限り、それぞれがあげていきます。一人の人が書記になり、空欄に書き込んでいきます。または付箋に書いて貼っていきます。まとめたり抽象化したりせずに、話された言葉をそのまま書いていきましょう。

⑥ 縮小コピーをして、個別指導計画に入れて活用することができます。

演習4
応答的に関わる

◉ 演習で確認できること　確認したいこと

- 保育者の関わりの5つの基本を知る
- 一方的な関わりと応答的な関わりの違いを知る
- 相手が乳児でも幼児でも応答的に関わることが基本である

◉ 演習の進め方

① 3～5人のグループをつくり、交代で本文「第1部 第2章 3 保育者の姿勢と態度、4 関わりの5つの基本、5 保育者が抱える関わりの矛盾」(pp.32-39) を読みます。

② ワークシートを読み、各自で記入をします。

③ グループで、各自の意見を共有します。
その後、実際に子ども役と先生役に分かれて会話のキャッチボールをしてみましょう。子どもが「いや！まだ遊ぶ」というボールを無視して、自分の玉を投げてみましょう。優しい言い方は、優しく子どもにボールを投げ、強制的な言い方は、強くボールを投げましょう。

④ グループで演習を行った感想を話してみましょう。「子どもの声を一度キャッチすること」が応答的な会話であることを確認しましょう。

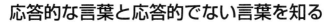

ワークシート

応答的な言葉と応答的でない言葉を知る

次の場面で、子どもに対して、
①応答的な言葉と②応答的でない言葉を考えて書きましょう。

保育者
「　そろそろ公園から帰ろうか　」

子ども
「　いや！ まだ遊びたい！　」

①子どもが言っていることに対して応答的に関わる言葉

保育者

「　　　　　　　　　　　　　　　　　　　　　　　　　　　　　　」

「　　　　　　　　　　　　　　　　　　　　　　　　　　　　　　」

「　　　　　　　　　　　　　　　　　　　　　　　　　　　　　　」

②子どもの声を無視して一方的に話す応答的でない言葉

保育者

「（例）そろそろ給食の時間だから帰ろうか　　　　　　　　　　」

「（例）園長先生が待っているよ　　　　　　　　　　　　　　　」

「　　　　　　　　　　　　　　　　　　　　　　　　　　　　　　」

「　　　　　　　　　　　　　　　　　　　　　　　　　　　　　　」

演習5
肯定的（ポジティブ）な見方と表現を知る

◉ 演習で確認できること　確認したいこと

・対人援助の専門職は、相手の良い部分に、意図的に焦点を当てて見ようとする
・専門職は、すごい、じょうず以外の、具体的で行動を認める言葉を使う
・肯定的な言葉は、職員同士でも使う

◉ 演習の進め方

（1）自分の良いところ、頑張っているところに注目する

① 3〜5人のグループをつくり、交代で本文「第2部 第1章 1 肯定的（ポジティブ）な関わり（1）〜（5）」（pp.42-46）を読みます。

② 各自で自分の良いところを10以上ノート等に書きます。時間は5分とります。「人の良いところ」とは、「特別な才能」や「立派な性格」であると思い込んでいる場合には、「私には良いところがあまりない」と思ってしまいます。そのような思い込みがあると、初めて出会う子どもや保護者の良いところを見つけることが難しいでしょう。「目覚まし時計で起きることができる」、「毎日仕事に来ている」、「洗濯を自分でしている」など、できていることは多いはずです。「家族がいる」、「歩ける」、「運転ができる」など、自分のいいところは、限りなく見つけられます。自分にできていること、もっているものに注目して、書きだしてみましょう。

③ その後、二人組になって自分の良いところを2分間ずつ自己紹介を行います。相手の人は途中で口をはさまずにうなずきや笑顔、「そうなんだ」「すばらしい」など肯定的で応答的な態度で聞きます。2分間はずっと自分の良いところを話し続けます。聞く相手は、「他には？」と相手の話を引き出します。

④　職員が入れ替わる新年度には、自分の良いところを書きだした後に、クラス毎に「自分の良いところ自己紹介」をして、それぞれの強みを知りあうことや、研修でのグループディスカッションの前に、この演習を使って「自分の良いところ自己紹介」をすることができます。

（2）お互いの良いところ、素敵なところを発見して、相手に伝える

　二人組になって、一人が２分間、相手の良いところを発見して具体的な言葉にして相手に伝えます。伝えられた方は「ありがとう」と素直に受け取ります。２分間が終了したら交代します。

　集合研修で、初めての人同士でも、よくお互いに知っている園内研修でも行うことができます。

　保育者は、職務上認められる体験が少なく、職務内容が難しいために不全感を感じやすいものです。お互いに認めあう、見学者に良いところを発見してもらい伝えてもらう、園長や主任が伝えるなどの工夫が必要です。お互いの良いところを伝えることは、「退職の寄せ書き」まで待つ必要はありません。

（3）自分が気になっている相手のいいところをあげる

①　各自で、自分が気になっている子ども（あるいは保護者）の強み、得意なこと、好きなこと、良いところを 10 以上考えます。５分間時間をとって、各自でノートに書きだします。

②　二人組になって、書きだしてみてどのように感じたか、お互いに聞きあいます。

③　園内研修やクラス会議では、模造紙や A3 サイズの紙等に、今保育者が困っている行動や、気になっている子どもを一人あげ、その子の良いところについて書きだすことができます。その際は、お互いに情報を共有するために行いますので、字は大きくフェルトペンで書きます。

演習 6
肯定的（ポジティブ）な話し方を知る

◉ 演習で確認できること　確認したいこと

・保育者は、肯定的な態度を基本とする
・ネガティブ（否定的）な態度とポジティブ（肯定的）な態度の違いを確認する
・肯定的な話し方は、職員同士でも、記録のなかでも使用する

◉ 演習の進め方

① 　3〜5人のグループをつくり、交代で本文「第2部 第1章 1 肯定的（ポジティブ）な関わり（1）〜（5）」(pp.42-46) を読みます（演習4を行った場合は、省略可）。

② 　各自で、ワークシートを読み、（2）①〜③の言葉を記入しましょう。書けた人は④⑤に進みます。全員が①〜③を記入し終わったら、グループでお互いの言葉を紹介しあいましょう。

③ 　ワークシート（2）④⑤の、保護者や実習生に関する言葉は、場面も一緒に考えてみましょう。この演習を行ってみて気づいたことを、グループで話しあいます。全員が一言ずつでも意見を出せるように、「どう思いましたか」とお互いに質問しましょう。一人の人が話しすぎないように留意します。

関わりの質　　　　　　子どもの自己イメージ

あたたかく
応答的な関わり

私は良い人間
愛されている
うまくできる

肯定的（ポジティブ）な言葉を身につける

（1）ポジティブ（肯定的）な姿勢をもつ

・相手を、成長する存在としてとらえ、相手に期待を寄せる。未来を志向する。
・承認欲求を大切に考え、肯定的な表情（笑顔）・姿勢・言葉を使う。

（2）次のネガティブな言葉をポジティブな言葉に言い換えてみましょう。

ポジティブで相手の存在を肯定する態度 （表情・言葉・行動）	ネガティブで相手の存在を否定する態度 （表情・言葉・行動）
・笑顔、柔らかい姿勢等。 ・相手への関心を伝え、 　やる気を引き出す言葉や行動等。 ・明るく楽しい言葉を使う。 ・どうすればよいのか、具体的に伝える。 ・良い部分を、具体的に伝える。	・硬い表情、下がった口角、腕組み、 　見下ろすなど威圧的な態度。 ・脅し、あきれ、からかい、冷やかし、 　子ども同士の比較、否定的な感情の 　吐き出しなど相手の人格を否定し、 　やる気をなくさせる言葉の使用等。

子ども

ごはんを歩きながら食べる子どもに「そんなことしたらかっこ悪いな」
①「　　　　　　　　　　　　　　　　　　　　　　　　　　」
コップがテーブルの端から落ちそうになっている子どもに「コップが落ちるよ」
②「　　　　　　　　　　　　　　　　　　　　　　　　　　」
うんちが頻繁な赤ちゃんに、「もうー」、「またー」、「くちゃいくちゃい」
③「　　　　　　　　　　　　　　　　　　　　　　　　　　」

（保護者、実習生に関しては、場面も一緒に考えてみましょう）

保護者

場面：
ポジティブな言葉
④「　　　　　　　　　　　　　　　　　　　　　　　　　　」

実習生

場面：
ポジティブな言葉
⑤「　　　　　　　　　　　　　　　　　　　　　　　　　　」

演習 7
受容的な関わりを身につける

◉ 演習で確認できること　確認したいこと

・相手が主体として決め行動するために、受容することが大切である
・アドバイスや慰めの前に、まず気持ちを受容する
・共感や同感は誰にでもできる。受容は専門職の技術である

◉ 演習の進め方

① 3〜5人のグループをつくり、交代で本文「第2部 第1章 2 相手を尊重し自己決定を促す関わり (1)〜(6)」(pp.47-51) を読みます。

② ワークシートを読み、各自で記入をします。受容は、相手の気持ちを受けとめ、言葉にすることですので、主語には『あなたは』がつきます。「あなたは」をつけて自然な場合には相手の気持ちを受容しています。『わたしも』、『わたしは』が頭につく場合には、自分の意見を話していますので、受容になるように「あなたは」が主語になるように、修正をします。
言葉は、一つではなく様々な言い方があります。

③ グループで、各自の意見や疑問点を交換します。

ワークシート

受容的な関わりを知る

受容的な態度	受容的でない態度
・相手の置かれた状況や、相手の価値や考えを聞き、汲み取ろうとする。 ・相手の気持ちや考えや価値観を受け入れようとする。	・相手の状況、気持ち、考えなどを知ろうとしない。 ・相手の気持ちや考えや価値観を受け入れずに、自分の気持ちや考えを言ったり、アドバイスしたりする。

相手の気持ちや考え、価値観等をありのままに受け入れる言葉を考えてみましょう。

子ども
片づける時間ですが「まだ遊ぶ！」と2歳のえいくんが帰ろうとしません。
　気持ちを受容しない→「もう給食の時間だよ、片づけなさい」
　気持ちをありのままに受け入れる（受容する言葉のみ書いてみましょう）
　　①→「（あなたは）　　　　　　　　　　　　　　　　　　　　　」

保護者
「あいは、引っ込み思案でしょ。見ていてイライラするんですよ」
　気持ちを受容しない→「あいちゃんは、園ではとても元気で積極的ですよ」
　気持ちをありのままに受け入れる（受容する言葉のみ書いてみましょう）
　　②→「（あなたは）　　　　　　　　　　　　　　　　　　　　　」

実習生
実習生の田中さんは「私は保育者に向かないと思いました」と反省会で言いました。
　気持ちを受容しない→「えー、そんなことないと思うよ」
　気持ちをありのままに受け入れる（受容する言葉のみ書いてみましょう）
　　③→「（あなたは）　　　　　　　　　　　　　　　　　　　　　」

演習8
赤ちゃんや幼児を尊重するとは

◉ **演習で確認できること　確認したいこと**

・ 子どもの気持ちは受け入れても、受け入れられない行動や状況がある
・ 受け入れられない行動や状況は、どのようなときかを言葉で共有化する
・ 受け入れる、受け入れない行動の背景にある、考え方の違いに気づく

◉ **演習の進め方**

① 　3 ～ 5 人のグループをつくります。

② 　各自でワークシート（1）にそれぞれ〇×をつけます。正解はありません。
　　全員が書き終わったら、二人組で、〇をつけた理由や×をつけた理由を話しあ
　　います。とくに違っているところがあった場合には、その箇所を中心に話をし
　　ます。

③ 　頃合いを見計らい、各自でワークシート（2）に記入をします。

④ 　グループで、本文「第 2 部 第 2 章 1 生活の仕方や社会のルールを知るための
　　関わり（1）～（3）」(pp.52-53) を、交代しながら読みます。その後、「子ども
　　を尊重する」ことと「子どもの行動を受け入れる」ことの違いについて、グルー
　　プで意見交換を行います。

⑤ 　保護者の懇談会で使用する場合には、ワークシートを配付して上記の演習①～
　　③を行います。その後、本文の内容を保育者が説明をします。

「子どもを尊重する」とは？

（1）　次の場面で、子どもの意志を尊重した方がいいと思うものには○、尊重しない方がいいと思うものには×を、（　　）の中に書き込んでみましょう。

（　　）①　３歳のえいちゃんは「自分でする」と服のボタンをとめようとしている。「早くして」と言いたいが、待った方がいいのだろうか。

（　　）②　プールが大好きな２歳のびいちゃんは、上がろうと声をかけても「イヤ」だと言う。唇が紫色になって顔色も悪いが、待った方がいいのだろうか。

（　　）③　１歳のしいちゃんは、お昼寝を「イヤ」だという。子どもが自分からお布団に入るまで待ったほうがいいのだろうか。

（　　）④　１歳のでいちゃんは、玩具棚に登りたがる。子どもはのびのびと遊ばせることが大事だというし、棚に登らせた方がいいのだろうか。

（　　）⑤　２歳のいっちゃんは、レストランのなかでウロウロ歩きたがる。子どもはじっとしているのは無理だし、ウロウロさせてもいいのだろうか。

（　　）⑥　公園からそろそろ帰らないと給食に間に合わないが、２歳のえふちゃんは、「まだ遊ぶ」という。意志を尊重した方がいいのだろうか。

（2）　あなたが子どもの意志を尊重できないと感じるときは、どんな時でしょうか？（箇条書きで）

演習9
生活のスキルや社会のルールの伝え方

● 演習で確認できること　確認したいこと

・ 子どもに伝わりにくい話し方を確認する
・ 子どもに伝わりやすい話し方を確認する
・ 保育者は、生活のスキルや社会のルールを、一つひとつ教えることが必要である

● 演習の進め方

① 　各自で、ワークシート（1）を考えます。正解はありません。

② 　5分経過したら、2人組、または3〜5人のグループで、お互いにどのようなことを書いたかを話しあいます。

③ 　その後、グループで本文「第2部 第2章 1 生活の仕方や社会のルールを知るための関わり（4）〜（6）」（pp.53-55）を読みます。ワークシート（1）の言葉の問題点について確認をします。

④ 　次に、グループでワークシート（2）〜（4）を考えて記入します。

ワークシート

生活のスキルや社会のルールの伝え方

大人は、子どもに社会のルールを伝える役割があります。
ではプロの保育者として、どのような言葉を使えばよいか、考える演習です。

　　　　場面：レストランで2歳のれんくんが、大きな声で騒ぎはじめました。

（1）①〜⑤の保育者がかけた言葉の問題点を考えてみましょう。

　　① 「騒ぐとここに居られないよ」、「騒ぐと怒られるよ」
　　　　言葉の問題点（　　　　　　　　　　　　　　　　　　　　　　　　　）
　　② 「騒ぐと他の人に迷惑でしょ。レストランでは静かにするのがマナーよ」
　　　　言葉の問題点（　　　　　　　　　　　　　　　　　　　　　　　　　）
　　③ 「れんくんが大騒ぎするとまわりの人がうるさいでしょ。レストランでは静かに
　　　　しないといけないんだよ。静かにできるかな。れんくんのこと見てようっと」
　　　　言葉の問題点（　　　　　　　　　　　　　　　　　　　　　　　　　）
　　④ 「シッ！」、「お口はチャック」、「ほら、これをやってなさい」（と、スマホを渡す）
　　　　言葉の問題点（　　　　　　　　　　　　　　　　　　　　　　　　　）
　　⑤ 「静かに座っていられたらかっこいいお兄ちゃんなのになー」、「そんなことをし
　　　　たらだめでしょう」、「レストランではどうするんだっけー」、「もし他の人が騒
　　　　いでいたらどう思う？」
　　　　言葉の問題点（　　　　　　　　　　　　　　　　　　　　　　　　　）

（2）ルールを伝えていく際のポイントを考えましょう。

　　①
　　②
　　③
　　④
　　⑤

（3）この場面でもっとも適した言葉を書きましょう。
　　「　　　　　　　　　　　　　　　　　　　　　　　　　」

（4）自分が、子どもの指導でよく使う言葉や癖を考えてみましょう。

演習 10
学びを支える保育者の言葉を増やす

◉ **演習で確認できること　確認したいこと**

・自分が子どもによく使っている言葉のバリエーションを知る
・他の保育者の言葉から学ぶ
・保育者の言葉の役割を確認する

◉ **演習の進め方**

① 3～5人のグループをつくり、交代で本文「第2部 第2章 3 子どもの学びを支える関わり（1）～（3）」(pp.61-64) を読みます。

② 各自で、ワークシートに記入をします。まず、左枠「言葉の意図」を読み、その意図で自分がよく子どもに使っている言葉、使いたい言葉を、右枠に書き込んでみましょう。正解はありません。5分間、時間をとります。

③ グループをつくり、お互いの言葉を合わせて、できるだけ多く言葉を集めてみましょう。書いてみて気づいたことを他の人と話してみましょう。出尽くしたら他のグループの書いた内容を見て、自分のリストに言葉を書き加えていきましょう。

④ この演習を行ってみて気づいたことをグループで話しあいましょう。全員が必ず一言ずつでも意見を出せるように、「どう思いましたか」と互いに質問しましょう。一人の人が話しすぎないように留意しましょう。

ワークシート

学びを支える保育者の具体的な言葉を集める

	言葉の意図	自分がよく使う言葉の例
全員に対して働きかける	活動や課題について説明する	
	状況を伝える、起きた問題を子どもに返す	
	名称や手順等、知識や技術をていねいに伝える	
	関心・愛情、期待を伝える、頼む、励ます	
	自分の感情を表現する	
	挨拶をする、正しい言葉のモデルを示す	
知ろうとする	気持ち（心情）をくみとろうとする	
	理由や状況を知ろうとする	
	考えを知ろうとする	
受けとめる	子どもの挑戦や試行錯誤を見守る	
	気持ちや考えを受けいれる	
	表現を受けとめる	
	沈黙を受けとめる	
	真似をする	
	聞いていることを示す	
働きかける	気づきを促す、行動を促す	
	考えや気持ちを表現するように促す	
	思考をひろげ、課題解決のための質問をする	
	仲間とつなぐ	
	提案する、イメージを広げる、視点をずらす	
	制止する、指示をする	
その他		

演習 11
保育者の語彙（ボキャブラリー）を増やす

◉ 演習で確認できること　確認したいこと

・新年度を迎える前に自分の言葉の振り返りを行う
・新クラスの担任でその学年で共通して育てたい話し言葉を共有化する
・幼児期における保育者の言葉の役割を認識する

◉ 演習の進め方

① 3～5人のグループをつくります。本文「第2部 第2章 3（5）子どもが習
得する言葉と保育者の語彙」（p.67）と「幼児期の終わりまでに育てたい『話し
言葉』のリスト　1. リストについて」（p.68）を交代しながらグループで読みま
す（全員が声を出します）。

② 本文「3.（詳細版）（1）感情を表出し、感情や行動をコントロールする言葉」
（p.70）を見て、保育者同士、あるいは保護者と一緒に、子どもたちが使ってい
る言葉に各自で印をつけます。気づいたことをグループで話します。

③ 本文「3.（詳細版）（3）概念や認識をもち思考するための言葉 ①学び、考える
ための言葉」（p.71）を見て、子どもが使っている言葉に印をつけます。また保
育者が意図的に使っている言葉にも別の印をつけます。気づいたことをグルー
プで話します。

④ 本文「3.（詳細版）（3）概念や認識をもち思考するための言葉 ②数量感覚に関
する言葉」（p.72）を見て、保育者が数量感覚を意識して子どもたちの前で使っ
ている言葉に○をつけます。子どもが使っている言葉にも印をつけます。気づ
いたことをグループで話します。

⑤ ワークシートのリストの下の空欄を使い、グループで言葉を集めてみましょう。

「すごい」「じょうず」以外の肯定的な言葉[1]

心が広いね	おちゃめだね	とびきりいいのができたね
器が大きいね	機転がきくね	芸術的だね
気前がいいね	さわやかだね	腕がいいね
プラス思考だね	センスがいいね	アイディアが豊富だね
ポジティブだね	〜のようだね	いろんな情報を知ってるね
エネルギッシュだね	いい考えだね	頼もしいね
情熱的だね	いいアイディアだね	観察力があるね
勢いがあるね	うまく計画したね	ていねいだね
意志が強いね	いい発見をしたね	〜に強いね
根性があるね	全部自分でやりとげたね	読みが深いね
一途だね	〜したんだね	話題が豊富だね
自分をもってるね	ていねいに〜したね	光ってるね
辛抱強いね	いい仕事をしたね	輝いてるね
物怖じしないね	見事だね	しなやかだね
はっきりしているね	段取りがいいね	動きがいいね
決断力があるね	手先が器用だね	体力があるね
度胸があるね	発想が豊かだね	たくましいね
ユニークだね	感動した	
ユーモアがあるね	まるで〜みたいだね	

（空欄には、その他の言葉を書き加えてみてください）

(1) 筆者が行なったグループ・インタビュー調査と、本間正人・祐川京子『すぐに使える！ほめ言葉ワークブック』PHP 研究所、2008 を参考に作成

演習 12
言葉の表情を豊かにする

◉ 演習で確認できること　確認したいこと

・自分の発音、発声、言葉の聞き取りやすさを客観的に知る
・保育者は、子どもの言葉のモデルとして、ゆっくりはっきりと話すことが必要である
・保育者は、言葉がもつ意味や、言葉の表情の豊かさを表現することが大切である

◉ 演習の進め方

1.　3 ～ 5 人でグループをつくり、交代で本文「第 2 部 第 2 章 4 集団を対象にした関わり（1）～（5）」(pp.77-81) を読みます。

2.　ワークシート（1）の発音練習と、ワークシート（2）の絵本を読む練習を各自で行います。日本語の発音や発声に自信がある人は（1）をとばして（2）の絵本の練習から始めます。日本語の発音や発声に自信がない人は（1）から始めます。絵本は、雰囲気が異なる二つの絵本を選びます。二つの絵本に合わせて、スピードや声、間のとり方などを工夫し、言葉に表情をつけて読む練習をします。

3.　次にグループにもどり一人ずつが二つの絵本を数ページずつ言葉の表情を意識しながら読みます。全員が読み終わったら、グループで、気がついたことを話します。

ワークシート

言葉の表情を豊かにするための演習

（1）子どもたちの集団に話す声で発音し、自分の声を録音してみましょう。
　　　自分で再生して、気づいた点をメモしてみましょう。

ア	エ	イ	ウ	エ	オ	ア	オ		ガ	ゲ	ギ	グ	ゲ	ゴ	ガ	ゴ
カ	ケ	キ	ク	ケ	コ	カ	コ		ザ	ゼ	ジ	ズ	ゼ	ゾ	ザ	ゾ
サ	セ	シ	ス	セ	ソ	サ	ソ		ダ	デ	ヂ	ヅ	デ	ド	ダ	ド
タ	テ	チ	ツ	テ	ト	タ	ト		バ	ベ	ビ	ブ	ベ	ボ	バ	ボ
ナ	ネ	ニ	ヌ	ネ	ノ	ナ	ノ		パ	ペ	ピ	プ	ペ	ポ	パ	ポ
ハ	ヘ	ヒ	フ	ヘ	ホ	ハ	ホ									
マ	メ	ミ	ム	メ	モ	マ	モ									
ヤ	エ	イ	ユ	エ	ヨ	ヤ	ヨ									
ラ	レ	リ	ル	レ	ロ	ラ	ロ									
ワ	エ	イ	ウ	エ	オ	ワ	オ									

「アエイウ
エオアオ」

「カケキク
ケコカコ」

（2）雰囲気の異なる二つの絵本を、言葉の表情を意識しながら読んでみましょう。

・言葉が優しく柔らかい絵本の例

　　『いないいないばあ』松谷みよ子、瀬川康男、童心社、1967

　　『木いちごつみ～子どものための詩と絵の本』岸田衿子、山脇百合子、福音館書店、1983

　　『ちいさなあなたへ』アリスン・マギー、ピーター・レイノルズ、なかがわちひろ、主婦の友社、2008

・言葉が元気で勢いのある絵本の例

　　『がちゃがちゃ どんどん』元永定正、福音館書店、1990

　　『ことばあそびうた』谷川俊太郎、瀬川康男、福音館書店、1973

　　『三びきのやぎのがらがらどん』マーシャ ブラウン・瀬田貞二、福音館書店、1965

演習 13
わかりやすく説明する

◉ 演習で確認できること　確認したいこと

・保育者の話し方は、相手に聞き取りやすく、ていねいであることが基本である
・わかりやすく話すためには、相手の立場に立つことが必要である
・自分の発音や話し方の特徴を知る

◉ 演習の進め方

① 3 ～ 5 人でグループをつくり、交代で本文「第 2 部 第 2 章 4 集団を対象にした関わり（1）～（5）」(pp.77-81) を読みます（演習 12 を行った場合、省略可）。

② ワークシート（1）で地図を書き、人に説明する練習の時間をとります。
そしてワークシート（2）（3）を行いましょう。

③ 最後にグループで、ワークシート（4）の相手に伝わりやすい話し方（発声・発音、速さ・間、言葉遣い、構成・内容等）を箇条書きで書き出します。

わかりやすく説明するための演習

（1）相手の立場で考えて、わかりやすい地図を書きましょう。

例：駅から園まで等

（　　　　　　　　　　　）から（　　　　　　　　　　　　　）までの道順。

（2）二人組で電話口の相手を想定し、地図を見ながら道順を言葉で説明するロールプレイをしてみましょう。電話の録音機能を利用して、自分の話し方を聞くこともできます。また相手が聴き取った通りに地図を書いて、お互いの地図を確認しあいましょう。説明した内容をふまえて、地図を修正してみましょう。

（3）大勢の人に説明をするつもりで、立って、道順を説明してみましょう。

（4）何かを説明するときには、どのような話し方が望ましいのか、相手に伝わりやすい話し方（発声・発音、速さ・間、言葉遣い、構成・内容等）を箇条書きで書いてみましょう。

演習 14
主張的（アサーティブ）な伝え方を
身につける

演習で確認できること　確認したいこと

・攻撃的な対応、非主張的な対応、主張的な対応の違いを知る
・相手を尊重し、その場にふさわしい形での表現方法を知る
・自分の気持ちや考えを率直に表現することを知る

演習の進め方

①　3～5人のグループをつくり、交代で本文「第2部 第3章 1 自分の意見や限界を伝える（1）（2）」(pp.82-84) を読みます。

②　ワークシート（1）に、各自で記入をします。

③　二人組で、各自の書いた内容を話し、意見と疑問点を交換します。
　　その内容をワークシート（2）の下に記入しましょう。

ワークシート

アサーティブ（主張的）な伝え方を身につける

アサーティブとは、自分の気持ちや考えなどを、率直に、その場にふさわしいかたちで表現すること。

(例) 自分が子どもの着替えを手伝っているときに、子どもたちがトラブルになりそうになっています。すぐそばにいる実習生は、トラブルに全く気づいていません。

攻撃的な対応	「〇〇さん！子どもをちゃんと見てよ！」と大声で怒鳴る。その日の反省会で「子どもの安全を見守るのが保育士の仕事なんだから、全体にもっと目を向けて！」と声を荒げて言う等。
非主張的な対応	イライラしながらも黙って我慢をする。陰で、他の保育者に「あの実習生、気がきかないのよね」と文句を言う。無視や冷たい態度で気持ちをはらす等。
アサーティブな対応	「〇〇さん、そこを頼むわね」とさりげなく声をかける。「〇〇さん」と声をかけて、目で合図をする。「保育室内にいるときには、このような向きで座ると保育室の全体がよく見えますよ」と、具体的にどうすればいいかをやってみせる等。

（1）上の例を読んで、以下に記入してみましょう

場面1：子ども：自分の服を片づけることを忘れて遊んでいます（3歳）

攻撃的な対応	
非主張的な対応	
アサーティブな対応	

場面2：保護者：よく遅刻する保護者がいて、散歩に出る時間が遅くなっています

攻撃的な対応	
非主張的な対応	
アサーティブな対応	

（2）記入して、気づいたことを、二人組で話してみましょう。

演習 15
Ｉ（アイ）メッセージで伝える

◉ 演習で確認できること　確認したいこと

・ ＹＯＵメッセージとＩ（アイ）メッセージの違いを知る
・ Ｉ（アイ）メッセージで、相手に伝える方法を知る
・ 自分の感情や考えを、相手に伝えてよいことを知る

◉ 演習の進め方

① 　３～５人のグループをつくり、全員で本文「第２部 第３章 １ 自分の意見や限界を伝える（３）」(p.85) を読みます。

② 　各自でワークシート「場面１～４」を記入します。正解はありません。

③ 　お互いにどのような意見を書いたか、グループで共有します。

④ 　最後に、グループで疑問点や意見の交換を行います。

ワークシート

YOUメッセージからIメッセージへ

Iメッセージの構造
① 相手の行動　　　　　　　　（例）「あなたが何も言わないと」
② それによって私が受ける影響　（例）「あなたが何を考えているかわからなくて」
③ 私の気持ちや提案　　　　　　（例）「わたしはとても不安になる」「何か言ってほしい」

次のYOUメッセージ（あなたが主語）を、Iメッセージ（私が主語）へと変えてみましょう。

場面１：保護者に
YOUメッセージ「○○さんは、忘れ物が多すぎではないですか？」
Iメッセージ「　　　　　　　　　　　　　　　　　　　　　　　　　」
　①
　②
　③

場面２：実習生に
YOUメッセージ「○○さんは、もう少し文字をていねいに書けませんか？」
Iメッセージ「　　　　　　　　　　　　　　　　　　　　　　　　　」
　①
　②
　③

場面３：同僚に
YOUメッセージ「○○さんは、一人の子どもとじっくり関わりすぎじゃない？」
Iメッセージ「　　　　　　　　　　　　　　　　　　　　　　　　　」
　①
　②
　③

場面４：園長に
YOUメッセージ「園長先生、私たちが考えた行事の内容に口出ししないでください」
Iメッセージ「　　　　　　　　　　　　　　　　　　　　　　　　　」
　①
　②
　③

演習 16

自分の強みと関わりの特徴を知る

◉ 演習で確認できること　確認したいこと

・それぞれの関わりの強みを言葉にする

・関わりの多様性は子どもにとって豊かな環境であることを共有化する

・保育者は、意図をもち意識的に関わりを行うことを確認する

◉ 演習の進め方

① 3～5人のグループをつくり、交代で本文「第2部 第3章 2 互いの強みと弱みを生かした関わり（1）～（3）」(pp.89-91) を読みます。

② 各自で、ワークシート（1）（2）を見て、自分自身はどのあたりの位置であるか、直感的に印をつけます。自分の感じている感覚ですから、正解はありません。また、右の方がよいとか、左の方がよいなどもありません。もしも意図的に態度の使い分けをしている場合には、ここからこのあたりと楕円などで記入することもできます。

③ 二人組をつくり、自分の特徴や、印のつけ方の理由などを話します。無意識に使い分けをしている保育者は、それを言葉にして意識してみましょう。記入をしてみて気づいたことなどを意見交換します。

④ 互いの意見がでない場合には、以下の課題について意見を交換します。

・自分が他の保育者の行動に腹を立てるのはどのようなときか。

・0歳児クラスに向く保育者は、どのような保育者か。

・複数担任は、同じタイプが二人と、異なるタイプが二人とどちらがよいか。

ワークシート

自分が、何が得意で、どんな関わりの特徴があるのかを知る

（1）自分の雰囲気の特徴を知る（直感的にこのあたりと印をつけてみましょう）

うなずかない	← − − − − − − − − − − − − − →	よくうなずく
視線は合わせない	← − − − − − − − − − − − − →	目をじっと見つめる
表情が硬い	← − − − − − − − − − − − − →	表情がやわらかい
表情が変わらない	← − − − − − − − − − − − − →	表情が豊か
声が小さい	← − − − − − − − − − − − − →	声が大きい
動かない	← − − − − − − − − − − − − →	よく動く
動きがゆっくり	← − − − − − − − − − − − − →	動きが早い
その他、雰囲気の特徴		

（2）自分の関わりの特徴を知る　（直感的にこのあたりと印をつけてみましょう）

見守る	← − − − − − − − − − − − − →	関わる
一緒に楽しむ	← − − − − − − − − − − − − →	安全を守る
待つ	← − − − − − − − − − − − − →	指導する
受容する	← − − − − − − − − − − − − →	限界を設ける
受容する	← − − − − − − − − − − − − →	要求する
個と関わる	← − − − − − − − − − − − − →	全体を見守る
協働する	← − − − − − − − − − − − − →	支援する
服従的	← − − − − − − − − − − − − →	権威的
話が短い	← − − − − − − − − − − − − →	話が長い
情緒的	← − − − − − − − − − − − − →	論理的

（3）関わりの特徴で気づいたことを書きましょう。

演習 17

不適切な関わりをチームで共有化する

● 演習で確認できること　確認したいこと

・子どもを一人の人間として尊重する行動を共有化する
・保育者の行動は、保護者のモデルであることを確認する
・乳幼児に対する不適切な行動を共有化する

● 演習の進め方

① 　3～5人のグループをつくり、交代で本文「第2部 第4章 1 教育と福祉の専門職にふさわしくない関わり（1）～（3）」(pp.92-95)を読みます。

② 　模造紙とフェルトペンを準備し、模造紙の上に、「子どもを尊重する関わり」と書き、下に「遊び・生活・その他」と分けます。子どもを尊重しない不適切な関わり」を書き、グループで、一人が書記になり、意見を書きます。出された意見は、書きかえたりまとめたりせずに、そのまま書きます。共有するために書くので、文字はフェルトペンで大きく書きます。出された意見への批判や非難は行いません。できるだけ多く書き出します。10分程度時間をとります。10分経ってもまだ活発に意見が出ている場合には延長し、ある程度出尽くしたところで終了します。

③ 　全員が立ち上がり、フェルトペンをもって他のグループの書いた内容を見あいます。空きスペースに読んで気づいたことや感じたこと、「賛成」「！」「？」「これは良い行動なのでは？」など、自分の意見をペンで書き込みます。お互いの書いたものを見ることで、それぞれの異なる価値観を言語化し、共有化することができます。ある保育者が何気なく使っている言葉を、別の保育者は言ってはいけない言葉だと感じていることもあります。

④　元のグループに戻り、コメントを読みます。ワークをして感じたことや考えたことをグループで話します。意見交換では、意見を言いやすい雰囲気をつくり「どう思いましたか」とお互いに質問をします。一人の人だけが長く話さないようにします。

⑤　終了後に、全国保育士会作成の『保育所・認定こども園等における人権擁護のためのセルフチェックリスト～「子どもを尊重する保育」のために～』を配布することもできます。

子どもを一人の人間として尊重する関わりとして出された例 [1]

生活の場面での関わり

□ 赤ちゃんを抱き上げるときは正面から抱く。後ろや横からは抱きあげない。

□ 無理矢理食べ物を口にいれない。

□ 泣いている間に口に食べ物を入れない。

□ 口をふくときに、口をふさぐようにではなく、口のまわりをふく。

□ 子どもができなくて困っていることは、やり方をていねいに教える。

□ 体に乱暴にふれない。肩や腕はつかまないようにしている等。

遊びの場面での関わり

□ 子どもが十分に体を動かして遊べる場を用意する。

□ 子どもが自発的に自分で選択して遊べる遊びの時間を十分につくる。

□ 大人の都合で抱っこしない。気分を立て直して遊べるようにする。

□ 子どもが探索の主導者と思い、大人は探索につきあう。

□ 子どもの遊びを、大声でじゃまをしない。

□ 休息が必要なときに、休息することが許される。

その他

□ 子どもを、大人の見世物や行事の飾りに使わない。

□ 子どもに衣装を着せたり、芸をさせたりしない。

□ 子どもの裸が通行人等に見えないように気をつける。

□ 子どもに性をアピールする衣装や踊りはさせない。

(1)　高山静子「保育（Care and Education）の専門性を高めるページ」http://hoiku.asablo.jp/blog/

演習 18

信頼を得る保育者の姿を共有化する

演習で確認できること　確認したいこと

・保護者から信頼を得やすい保育者の姿について共有化する
・保護者から誤解を受けやすい保育者の姿について共有化する
・個性や世代による価値観の違いを共有化する

演習の進め方

① 3〜5人のグループをつくり、交代で本文「第2部 第4章 3 ふさわしくない
　関わりをなくす専門知識 (1)〜(5)」(pp.102-105) を読みます。この演習は、
　保護者や実習生、事務職員等、多様な人を交えて行うと効果的です。

② 模造紙の左半分に「保護者から信頼される保育者の姿」(服装、髪型、表情、言葉、
　行動、その他)、右半分に「保護者から信頼を得にくい保育者の姿」と書き、グ
　ループで意見を出しあいます。一人の人が書記になり出された意見を書きます。
　出された意見は、書きかえたりまとめたりせずに、そのまま書きます。共有す
　るために書くので、文字はフェルトペンで大きく書きます。出された意見への
　批判や非難は行いません。できるだけ多く書き出します。10分程度時間をとり
　ます。10分経ってもまだ活発に意見が出ている場合には延長し、ある程度出尽
　くしたところで終了します。

③ 全員が立ち上がり、フェルトペンをもって他のグループの書いた内容を見あい
　ます。空きスペースに読んで気づいたことや感じたこと、「賛成」「！」「？」「こ
　れは人によって違うのでは」など、自分の意見をペンで書き込みます。お互い
　の書いた内容やコメントを見ることで、それぞれの異なる価値観を言語化し、
　共有化することができます。

④　元のグループに戻り、コメントを読みます。ワークをして感じたことや考えたことをグループで話します。意見交換では、意見を言いやすい雰囲気をつくり「どう思いましたか」とお互いに質問をします。一人の人だけが長く話さないようにします。

演習の解説・コメント

　以下は、演習のファシリテーター（進行役）向けの解説です。演習を行う前後に読み、進行の参考にしてください。

演習 1

　本文をグループで読む演習です。グループの人数は少ないほど安心感が高くなります。5人以上になると意見を出すことをためらう人が出ます。とくにコミュニケーションが苦手な人は、ペアで行うとよいでしょう。グループでの意見交換がスムーズに行われていないときには、全員で「うなづき」「笑顔をつくる」練習などを改めて行うとよいでしょう。

演習 2・3

　この二つの演習は、正解が全くない演習です。チームでアイディアが出尽くした後は、資料を参考にすることで、理解や援助のバリエーションを増やすことができます。
　気になる子どもに対する支援には、
・『はう運動あそびで育つ子どもたち』今井寿美枝、大月書店、2014
・『感覚遊び運動遊び』木村順、講談社、2010
・『発達障害の子の脳を育てる忍者遊び　柳沢運動プログラムを活用して』柳澤弘樹、講談社、2016
　気になる保護者に対する日常の支援には、
・『ちょっとした言葉かけで変わる　保護者支援の新ルール 10 の原則』大豆生田啓友、メイト、2017
・『子育て支援の環境づくり』高山静子、エイデル研究所、2018
などがあります。

演習 4

　演習の前には、キャッチボールのモデルを見せます。優しい言葉は優しくボールを投げ、強い言葉はぶつけるようにボールを投げます。最後に、保育者は子どもに一方

的にボールを投げることが多いが、会話はキャッチボールであり、子どもの投げた球をまず取ることと、子どもの体に届くように、子どもが取りやすいように投げることが基本であることを確認しましょう。

演習5

　日本人は自己肯定感が低く、「自分のいいところ」と言っても5分間で数個しか出ない場合もあります。書けずに困っている人がいる場合には、「自分の欠点を思いうかべてひっくり返してみましょう。たとえば『人の前で意見が言えない』人は、『私は意見を言う前によく考えます』というように考えてみましょう」と伝えることができます。ファシリテーターが、あたたかく楽しい雰囲気をつくるようにしましょう。

演習6

　ワークシート（2）の肯定的な言い方には、次のような例があります。
　① 「ごはんは座って食べようね（ニッコリ）」
　② 「コップはまんなかに置こうね（ニッコリ）」
　③ 「うんちがいっぱいでたね（ニッコリ）」
　④ （いつも散歩ギリギリに飛び込んでくる保護者に）「おはようございます。間に合いましたね」
　⑤ （記録を汚い字で書いてくる実習生に）「今日も記録が提出できたね！」
　絶対にこういう言い方をしなければいけないというわけではありません。ネガティブな話し方とポジティブな話し方があることを知り、話しあうきっかけづくりとして使いましょう。

演習7

　ワークシートの受容の言葉には、以下のような例があります。
　① 「（あなたは）まだ遊びたいんだね」「（あなたは）まだ遊びたいねえ」など
　② 「（あなたは）見ているとイライラするのですね」、「（あなたは）引っ込み思案のように感じるのですね」など
　③ 「（あなたは）自分が保育者に向かないと感じたのですね」、「（あなたは）自信をなくしてしまったのですね」など
　これらは一例であり、正解ではありません。その人が最も使いやすく、体になじむ言葉を見つけていくことです。相手の言葉を繰り返すことや、深いうなずき、「そうなんだ」を使う人もいるでしょう。
　ロールプレイをしてみると、受容的になっているかどうかがわかります。気持ちを受容されると、子ども役や保護者役の人は、「うん」、「そうなんです」と言いたくなり

ます。「うん」と言いたくならないときは、気持ちとずれているときです。気持ちを受け入れてもらうと、「それで…」と、続きを話したくなると思います。

演習8

　ワークシート（1）では、どれに○をつけるかは、人によって異なります。とくに③〜⑥は、○と×に意見が分かれます。大切なことは、なぜそう考えるのか相手の理由を聞きあうことです。同じ場面でも、叱る人と叱らない人がいるのはなぜかを理解できるようになります。

演習9

　ワークシート（1）のそれぞれの問題点には、様々な回答が考えられますが、とくに次のようなことが考えられます。①は、子どもを脅しています。②は言葉が難しすぎます。難しい言葉はわざと使うこともありますが、何かを伝えたいときには向きません。③は、言葉が長すぎます。④は、気をそらすだけでどうすればいいのか伝えていません。そのため、ずっと気をそらし続ける必要があります。⑤は、言い方が遠回しすぎます。

　2歳の発達段階の子どもには、ストレートに言わないと伝わりません。③の問題点がわからない場合は、日頃から、長々と子どもに話している可能性があります。この保育者のセリフを、保育者役と子ども役に分かれてロールプレイをしてみましょう。きっと、子ども役の人は「見てようっと」しか頭に残らないはずです。

　ワークシート（2）のルールを1、2歳児に伝える際のポイントは、ワークシート（1）の①〜⑤の反対です。①脅したり叱ったりせずに、②わかりやすく、③短く、④ストレート（率直）に、⑤どうすればよいのか、具体的な行動を伝えることです。この場合には、「レストランでは小さな声でお話ししようね」と、静かな声で、ていねいに話します。「しずかにしなさい」よりも「小さな声でお話しする」の方が、どうすればよいか、具体的な行動を伝えています。「小さな声で話すんでしょ！」、「小さな声で話しなさい！」と厳しく言うのは逆効果です。

演習10

　「子どもの学びを支える」ためにどのような言葉を使っているかを書き出す演習です。「難しい」「わからない」と意見が出た場合には、「今日、朝から子どもと話した言葉を思い出して、枠のなかに入れてみましょう。何のためにその言葉を使いましたか」とつけ加えます。

　学びを支える言葉を使うためには、指針や要領にそった保育である必要があります。一斉指導が中心の場合には、次のような参考資料を使い、新しい保育を知ることがで

きます。
・『絵本から広がる遊びの世界』読みあう活動研究会・樋口正春・仲本美央、風鳴舎、2017
・『あそびから学びが生まれる動的環境デザイン』大豆生田啓友、2018、学研 など

演習11

本文中に示した「幼児期の終わりまでに育てたい話し言葉のリスト」(p.68) は、様々な使い方ができます。話し言葉を豊かに育てることの重要性は、以下の資料を参照ください。
・『3000万語の格差：赤ちゃんの脳をつくる、親と保育者の話しかけ』ダナ・サスキンド、明石書店、2018
・『学びを育てる保育環境づくり』高山静子、小学館、2017

演習12・13

乳幼児に向けて、言葉を表情豊かにはっきりと話す演習です。学生向けの演習になります。絵本の代わりに異なる雰囲気の詩を配布することもできます。絵本も詩も、まずはファシリテーター（教員）が、モデルを見せることがポイントです。

演習14・15

正解を求めがちな演習です。「正解はありません。言葉は自分の言いやすい言い方、言葉を書きましょう」と補足します。この事例にこだわらずに、今困っていることや、最近困ったことで考えるように促してもよいでしょう。

演習16

正解がない演習です。自由におしゃべりをしながら書くように促します。言葉の意味がわからない場合には、スマホ等で調べるように伝えます。どちらかの端についた場合には（たとえば「声が大きい」の最も右端など）、意図的に反対側もできるように意識する必要があります。どこにつけるか悩む項目は、場面によって、相手によって変わっているということです。

演習17・18

この二つの演習は、不適切な行動や、マナー、服装等を書き出すことになりますので、まだ職務についていない学生や新任者の採用研修等で行うことが望ましい演習です。園内研修で行う場合には、ベテランや主任は、できるだけ多く、より具体的に、良い項目を出し、保育者として望ましい行動や信頼される姿を記録に残すようにします。

言葉の選択と定義について

本書で使用している言葉についての定義と解説を以下に示します。

「保育」

　保育は、教育と養護（Care and Education）をあわせもった機能を示す言葉として用いている。「学校教育法」に、「幼稚園は（中略）幼児を保育し」とある。本書では、「保育」を家庭の「養育」とは区別し、幼稚園・認定こども園・保育所・乳児院等の場で果たす機能として用いている。

「保育者」

　保育者は、幼稚園教諭、保育士の両方を指す。本書は、乳児院・保育所・認定こども園・幼稚園等で保育を行う保育者を対象としている。本書の保育者には、資格の有無を問わず、主任や主幹教諭、教頭、園長を含めている。

「専門職」

　専門職の要件には、職能団体（専門職団体）の組織化と、倫理綱領をもつことがあげられる [1]。専門職は、自らの専門性を自律的に高めるものであり、社会的責任を果たすために職能団体としての倫理綱領をもつ [2]。保育士は、全国保育士会、全国保育協議会、全国社会福祉協議会の三団体による「全国保育士会倫理綱領」をもつ [3]。しかし保育士は単独法がなく「児童福祉法」に規定された名称独占の資格に留まっている。幼稚園教諭には倫理綱領がない。保育士も幼稚園教諭も現在の段階では専門職としては十分な要件を満たしているとは言い難いが、本書では保育の社会的な影響力の大きさと、その職務内容の専門性の高さから、専門職であることを前提とした記述としている。

「関わり」「援助」「支援」「指導」

　「関わり」は、「援助」「支援」「指導」の一部である。広義の援助や支援には、遊びの展開方法や、物理的な環境の構成等が含まれるが、本書で扱うものは、保育者と子ども・保護者等との言語を中心とした関わりである。支援や援助には、相手を対象化した客観性があり、保育者と保護者を非対称とした一方向性の意味が感じられる言葉であるため、本書では、「関わり」を用いて全体を記述している。保育で多く用いられる「言葉がけ」「言葉かけ」も一方向性が強いため、本書では用いていない。

「保育所保育指針」「認定こども園教育・保育要領」では、「援助」が子どもの保育に最も多く用いられている。「支援」は、健康の支援、保護者の支援に用いられ、「援助」「指導」「支援」が混在して用いられている。「幼稚園教育要領」も三つが併用されている。また保育所・認定こども園は福祉と教育の双方の機能を果たすが、福祉では「支援」が用いられ、教育では「指導」が用いられることが多い。

　これらから本書では、乳幼児期の保育の場合には「援助」が最もなじみ深く、乳幼児期の子どもを対象とする保育独自の方法を示す言葉として適切と考えられるため、子どもには「援助」を用いる。保護者との関わりは、「保育所保育指針」で「支援」が用いられているため、「支援」を用いた。また子どもや保護者、後輩や実習生等、大人と子どもの両方が含まれる場合には、「支援」を用いている。「関わり」は、保育学では「かかわり」、「関わり」の両方が用いられている。指針と要領が「関わり」と漢字で示しているため、本書では漢字を用いた。

(1) 秋山智久『社会福祉実践論—方法原理・専門職・価値観 改訂版』ミネルヴァ書房、2005
(2) たとえば、社会福祉士と介護福祉士は、「社会福祉士及び介護福祉士法」に、看護師は、「保健師助産師看護師法」などの単独法をもちそこに業務や罰則等が定められている。
(3) 全国保育士会編『全国保育士会倫理綱領ガイドブック』全国社会福祉協議会、2004

おわりに

昨今、パワースポットへの旅行が、流行しているそうです。しかし保育者は、休日にお金と時間を使って、わざわざパワースポットにいく必要がありません。保育者は、毎日、大自然である乳幼児と一緒にいて、子どもたちから力強いエネルギーをもらっています。子どもと一緒に空をながめ、走り回り、笑い、泣き、歌うことができます。保育は、ていねいな暮らしのなかで、日々自然とのつながりを感じることができる、実に人間らしい仕事です。

とはいえ保育者の仕事は、楽しいことばかりではありません。保育者は、子どもや保護者との関わりのなかで自分の性格や人間性について思い悩むこともあるでしょう。これは、日々人間関係のなかで修行をしているようなものと考えられないでしょうか。他者の幸福のために心と体を尽くしながら、職務のなかで自分を磨き、自分を高めることができるのが、保育という仕事の素晴らしさだと思います。

保育者は、毎日その仕事で、子どもと保護者の今と未来の幸せを支えています。

保育者は、子どもの気持ちが荒れている日には、その子を抱きしめ愛情を注ぐことができます。「パパとママは、○○ちゃんのことが大好きなんだよ」と、忙しい親の代わりに子どもに伝えることもできます。家庭でつらい時期を過ごす子どもの背中を「絶対に幸せになるんだよ」と祈りを込めてさすることもできます。保護者に対しても、「いっしょにがんばっていきましょうね」と、心を込めて励ますことができる仕事です。子どもと保護者の毎日の生活に寄り添うからこそつらいこともありますが、できることも多いのが保育という仕事です。

乳幼児期は生涯の土台であり、親子関係の土台をつくる時期です。保護者や子どもたちに日々笑顔を向けようとしている保育者は、どれだけ多くの人に、安心やあたたかさを広げていることでしょう。保育は未来をつくる仕事です。保育者の影響は、保育者が考える以上に大きいものです。

日々悩み続けている保育者の皆さんには、頑張っている自分を認め、自分自身も大切にして、元気で仕事に向かってほしいと願っています。

私には夢があります。全国の園と子育て支援の場が、緑あふれる森となること。そしてそこにはあたたかな笑顔の保育者たちがいて、そこから子どもと子育ての素晴らしさを家庭や地域へと広げていくこと。子どもが健やかに育ち、子育てしやすい地域が増えることです。

本書は、保育者の関わりに焦点をあてました。本書をきっかけにして、本書よりも優れた保育者の関わりに関する本が続々と出版されることを願っています。

今後も、保育者がその崇高な職務にふさわしい待遇が得られるように、保育者の実践知・経験知の理論化をすすめたいと思います。

謝　辞

本書のテーマである関わりの研究は、途中で何度も挫折しました。倫理の研究では難解な哲学を実践と結びつけることができず、自分の力不足との戦いでした。

本書は『環境構成の理論と実践』同様に、保育者のもつ専門性の理論化・言語化を試みたものです。研究は、素晴らしい実践を行う保育者の実践知で成り立っています。

井桁容子先生、ながかみ保育園の野村弘子先生、まちの保育園六本木の岩井久美子先生、森のようちえんピッコロの中島久美子先生へのインタビューからは、大変に深い示唆を得ることができました。志賀口大輔先生、森本信也先生、大西宏幸先生、落合陽子先生、中西淳也先生、新保雄希先生をはじめとする（社）G3保育環境研究会の先生方には、研究へのご協力、内容への的確なアドバイスや励まし等、並々ならぬご支援をいただきました。

ひくまこども園、掛川こども園、植田が丘こども園、日東保育園、杜チャイルド園、古知野西保育園、米野木台西保育園、あさひが丘保育園乳児分園、港区立保育園、なごみこども園、泉の台幼稚舎、陽だまりの丘保育園、エミール保育園、青葉保育園、子すずめ保育園、おおな愛児保育園、かほるこども園、本駒込南保育園、金沢星稜大学付属星稜幼稚園、中野みなみ保育園、足立区公私立保育園、板橋区公私立保育園、三鷹市公立保育園、横浜市私立保育園、新潟市公私立保育園、純正福祉会、どろんこ会、足立区千住本町小学校の先生方には、研究にご協力をいただき、貴重なご意見をいただきました。

実践と教育学・福祉学・心理学等の理論を総合した新たな理論の案をもって、再度先生方にヒアリングを行い、貴重なご意見をいただきました。最も印象に残っているのは、認定こども園こどものもりの若盛正城先生へのヒアリングです。研究成果の全体像をもって「この研究に足りないものは何ですか」とお伺いしたとき、「この研究には"先祖"が足りない」とのご指摘を受けました。若盛先生の研究全体を一目で見抜いた鋭いご指摘に、身が引きしまりました。一人ひとりの子どもが過去から受け継がれてきた尊い命であり、子どもは自然や宇宙へのひろがりと未来へのつながりをもつ大切な存在です。命と関わる仕事の重みが、理論化によって見えにくくなることへの問題点を指摘されたように思いました。悩み続けましたが、未熟な私には、このような人

と関わる仕事の本質的で根本的なことへの言及を含めることはできませんでした。関わりは人格であり生き方です。人格を磨くことは養成課程や研修ではなく宗教の役割かもしれません。それでも知ることで行動が変わり、日々の行動が変わることで人格が磨かれることもあるはずだと、上梓に至りました。

本書をまとめるにあたっては、十文字学園女子大学の亀崎美沙子先生には、本の構成から言葉の選択に至るまで、細やかでていねいなご指摘をいただきました。東洋大学の中原美惠先生には、心理学の観点から的確なアドバイスをいただきました。

かほるこども園、なごみこども園さんには写真をご提供いただきました。その他の写真も、認定こども園こどものもり、青葉保育園、ながかみ保育園、あおぞらこども園、森のようちえんピッコロさんのご協力があって、撮影できました。ありがとうございました。

おおえだけいこさんには、ユニークなイラストと図で、文章では表現しにくい部分をわかりやすく表現して、この本の親しみやすさを高めていただきました。初版に続き改訂版でも長谷吉洋さんは、本の完成まで根気強くおつきあいしてくださいました。

私がこのような研究に取り組めるのは、東洋大学という教育と研究の場をいただき、熱意をもって専門職の教育に取り組む先生方から多くの学びをいただけるおかげです。

皆様に心より感謝を申し上げます。ありがとうございました。

付　記

本書の内容は、『げ・ん・き』（エイデル研究所）に連載（「保育者と子ども・保護者の関わり」152〜168号）したものを素材として、構成したものです。

参考文献

第1部　理論編
第1章　なぜ、専門性に基づく関わりが必要なのか

厚生労働省『保育所保育指針解説』フレーベル館、2018

R．J．ハヴィガースト『人間の発達課題と教育』荘司雅子監訳、玉川大学出版部、1995

A.S.ニイル『新訳 ニイル選集〈1〉問題の子ども』黎明書房、1995

庄司純一・西澤哲編『ソーシャルワーカーのための心理学』有斐閣、2001

近藤卓『子どもの自尊感情をどう育てるか—そばセット（SOBA-SET）で自尊感情を測る』ほんの森出版、2013

町沢静夫・吉本隆明『遊びと精神医学—こころの全体性を求めて』創元社、1986

原田正文『子育ての変貌と次世代育成支援—兵庫レポートにみる子育て現場と子ども虐待予防』名古屋大学出版会、2006

森田ゆり『子どもの虐待—その権利が侵されるとき』岩波書店、1995

石村善助『現代のプロフェッション』至誠堂、1969

高山静子『コンピテンシー理論に基づく保育士養成教育の研究』九州大学大学院（学位論文）、2011

高山静子「保育所・幼稚園における子育て支援」那須信樹編『家族援助論』、2003

卯城ひさゑ「格差と貧困、保育所に見る親と子の暮らし」全国保育団体連絡会・保育研究所編『保育白書2007』ちいさいなかま社、2007

矢藤誠慈郎『保育の質を高めるチームづくり—園と保育者の成長を支える』わかば社、2017

第2章　関わりの原則〜子どもでも保護者でも同僚でも実習生でも

秋山智久『社会福祉実践論　方法原理・専門職・価値観 改訂版』ミネルヴァ書房、2005

岩田康夫「新しい社会福祉援助技術の基本的枠組みを求めて」松本眞一編著『現代社会福祉論』ミネルヴァ書房、1998

ハワード・ガードナー『MI：個性を生かす多重知能の理論』松村暢隆訳、新曜社、2001

ハワード ガードナー『多元的知能の世界—MI理論の活用と可能性』日本文教出版、2003

トーマス・アームストロング『「マルチ能力」が育む子どもの生きる力』2002、小学館

日本社会福祉士会編『改訂 社会福祉士の倫理—倫理綱領実践ガイドブック』中央法規出版、2009

北島英治、副田あけみ、高橋重宏、渡部律子編『ソーシャルワーク実践の基礎理論（社会福祉基礎シリーズ）』有斐閣、2002

杉本敏夫・住友雄資編著『新しいソーシャルワーク—社会福祉援助技術入門 改訂』中央法規出版、2006

西尾祐吾、橘高通泰、熊谷忠和編著『ソーシャルワークの固有性を問う—その日本的展開をめざして』晃洋書房、2005

太田義弘『ソーシャルワーク実践と支援過程の展開』中央法規出版、1999

太田義弘・秋山薊二編著『ジェネラル・ソーシャルワーク—社会福祉援助技術総論』光生館、1999

暉峻淑子『対話する社会へ（岩波新書）』岩波書店、2017

河野哲也『環境に拡がる心—生態学的哲学の展望』勁草書房、2005

ロバート・ギフォード他『環境心理学—原理と実践（上・下）』北大路書房、2005

大橋力『音と文明—音の環境学ことはじめ』岩波書店、2003

波多野誼余夫編『認知心理学〈5〉学習と発達』東京大学出版会、1996

佐々木正人他『アフォーダンスと行為　身体とシステム』金子書房、2001

エドワード・S.リード『アフォーダンスの心理学—生態心理学への道』新曜社、2000

三島博之『エコロジカル・マインド—知性と環境をつなぐ心理学（NHKブックス）』日本放送出版協会、2000

A. Jean Ayres『子どもの発達と感覚統合』協同医書出版社、1982

鵜木元香『生まれつきの女王蜂はいない—DNAだけでは決まらない遺伝子の使い道』講談社、2016

マーティン・セリグマン『ポジティブ心理学の挑戦—"幸福"から"持続的幸福"へ』ディスカヴァー・トゥエンティワン、2014

永田佳之、吉田敦彦 編『持続可能な教育と文化—深化する環太平洋のESD（ホリスティック教育ライブラリー）』せせらぎ出版、2008

事業構想大学院大学 出版部編『SDGsの基礎—なぜ、「新事業の開発」や「企業価値の向上」につながるのか?』宣伝会議、2018

P.グリフィン、B.マクゴー、E.ケア編『21世紀型スキル—学びと評価の新たなかたち』北大路書房、2014

C.ファデル、M.ビアリック、B.トリリング『21世紀の学習者と教育の4つの次元—知識,スキル,人間性,そしてメタ学習』北大路書房、2016

J.M. ケラー『学習意欲をデザインする—ARCS モデルによるインストラクショナルデザイン』北大路書房、2010

森田ゆり『新・子どもの虐待—生きる力が侵されるとき（岩波ブックレット）』岩波書店、2004

平尾桂「児童福祉専門職の専門性と養成教育」望月彰・谷口泰史編『子どもの権利と家庭支援—児童福祉の新しい潮流』三学出版、2005

大橋謙策・白澤政和・米本秀仁『相談援助の基盤と専門職（MINERVA 社会福祉士養成テキストブック）』ミネルヴァ書房、2010

杉山美香編『痴呆予防のすすめ方—ファシリテートの理論・技法とその事例』真興交易医書、2003

小田兼三・久田則夫・杉本敏夫『エンパワメント実践の理論と技法—これからの福祉サービスの具体的指針』中央法規出版、1999

今城周造編著『福祉の時代の心理学』ぎょうせい、2004

望月彰・谷口泰史編著『子どもの権利と家庭支援—児童福祉の新しい潮流』三学出版、2005

Biestek, F. P.『The Casework Relationship』Allen and Unwin. 尾崎新他訳『ケースワークの原則—援助関係を形成する技法 新訳版』誠信書房、1996

石村善助『現代のプロフェッション』至誠堂、1969

ドミニク・S. ライチェン、ローラ・H. サルガニク『キー・コンピテンシー—国際標準の学力をめざして』明石書店、2006

ライル・M. スペンサー、シグネ・M. スペンサー『コンピテンシーマネジメントの展開—導入・構築・活用』生産性出版、2001

渡辺奈都子『人間関係をしなやかにするたったひとつのルール—はじめての選択理論』ディスカヴァー・トゥエンティワン、2012

第2部　実践編

第1章　大人と子どもに共通する関わりの技術

柏女霊峰・橋本真紀『保育者の保護者支援—保育指導の原理と技術』フレーベル館、2008

チャールズ・A・ラップ 他『ストレングスモデル—リカバリー志向の精神保健福祉サービス 第3版』金剛出版、2014

ヒューマンケア共同出版研究会編『実習・実践のためのヒューマンケア入門』金芳堂、2003

佐々木正宏・大貫敬一『適応と援助の心理学 援助編』培風館、2001

杉山美香編『痴呆予防のすすめ方—ファシリテートの理論・技法とその事例』真興交易医書出版部、2003

安梅勅江『エンパワメントのケア科学—当事者主体チームワーク・ケアの技法』医歯薬出版、2004

久世浩司『レジリエンスの鍛え方—世界のエリートが IQ・学歴よりも重視！』実業之日本社、2014

リー・ウォータース『ストレングススイッチ—子どもの「強み」を伸ばすポジティブ心理学』光文社、2018

OECD教育研究革新センター編著『学習の本質—研究の活用から実践へ』明石書店、2013

チャールズ ファデル他『21世紀の学習者と教育の4つの次元—知識、スキル、人間性、そしてメタ学習』北大路書房、2016

古庄高『家庭と学校に活かすアドラー心理学』二瓶社、2013

A. アドラー『人生の意味の心理学（上・下）（アドラー・セレクション）』アルテ、2010

キャロル・S・ドゥエック『マインドセット—「やればできる！」の研究』草思社、2016

伊藤進『ほめるな（講談社現代新書）』講談社、2005

高山静子『学びを支える保育環境づくり〜幼稚園・保育園・認定こども園の環境構成』小学館、2017

Deci, E. L., & Ryan, R. M. (2000). The "what" and "why" of goal pursuits: Human needs and the self-determination of behavior. Psychological Inquiry, 11,

アンジェラ・ダックワース『やり抜く力 GRIT（グリット）—人生のあらゆる成功を決める「究極の能力」を身につける』ダイヤモンド社、2016

平木典子『改訂版 アサーション・トレーニング—さわやかな〈自己表現〉のために』金子書房、2009

大湯好子『患者の心に寄り添う聞き方・話し方—ケアに生かすコミュニケーション』メヂカルフレンド社、2002

和久田ミカ『叱るより聞くでうまくいく 子どもの心のコーチング（中経の文庫）』KADOKAWA、2016

岸見一郎『叱らない子育て—アドラーが教える親子の関係が子どもを勇気づける！だからやる気が育つ！』学研パブリッシング、2015

第2章　乳幼児と関わる技術

R．J．ハヴィガースト『人間の発達課題と教育』荘司雅子監訳、玉川大学出版部、1995

小野次朗ら編『よくわかる発達障害—LD・ADHD・高機能自閉症・アスペルガー症候群（やわらかアカデミズム・〈わかる〉シリーズ）』、ミネルヴァ書房、2007

高山静子『子育て支援ひだまり—通信遊びとしつけの上手なコツ』チャイルド本社、2010

高山静子、保育者の養護技術、保育所における養護技術の抽出と活用に関する研究、児童関連サービス調査研究等事業報告書（財）こども未来財団、2011

保育士が発揮する教育的機能、保育所における教育的機能に関わる実証的考察とその活用、児童関連サービス調査研究等事業報告書（財）こども未来財団、2010

今井寿美枝『「がまんする力」が育つ保育—河添理論の保育実践パート3』大月書店、2016

湯汲英史『子どもが伸びる関わりことば26—発達が気になる子へのことばかけ』鈴木出版、2006

湯汲英史『感情をうまく伝えられない子への切りかえことば22』鈴木出版、2007

経済協力開発機構（OECD）編著『社会情動的スキル—学びに向かう力』明石書店、2018

市川伸一編『発達と学習（現代の認知心理学5）』北大

路書房、2010

C. ファデル、M. ビアリック、B. トリリング『21世紀の学習者と教育の4つの次元―知識，スキル，人間性，そしてメタ学習』北大路書房、2016

P. グリフィン、B. マクゴー、E. ケア 編『21世紀型スキル―学びと評価の新たなかたち』北大路書房、2014

R. リチャート、M. チャーチ、K. モリソン『子どもの思考が見える21のルーチン―アクティブな学びをつくる』北大路書房、2015

J.M. ケラー『学習意欲をデザインする―ARCSモデルによるインストラクショナルデザイン』北大路書房、2010

脇中起余子『「9歳の壁」を越えるために―生活言語から学習言語への移行を考える』北大路書房、2013

清水益治・森敏昭編著『0歳～12歳児の発達と学び―保幼小の連携と接続に向けて』北大路書房、2013

ポール・タフ『私たちは子どもに何ができるのか―非認知能力を育み、格差に挑む』英治出版、2017

新井紀子『AI vs. 教科書が読めない子どもたち』東洋経済新報社、2018

全米乳幼児教育協会、S. ブレデキャンプ、C. コップル『乳幼児の発達にふさわしい教育実践―誕生から小学校低学年にかけて 21世紀の乳幼児教育プログラムへの挑戦』東洋館出版社、2000

メーヘシェ・ヴェラ『ハンガリー保育園・幼稚園の遊び』明治図書出版 1987

秋田喜代美、和歌山大学教育学部附属小学校『学びをデザインする子どもたち―子どもが主体的に学び続ける授業』東洋館出版社、2017

レッジョ・チルドレン『子どもたちの100の言葉―レッジョ・エミリアの幼児教育実践記録』日東書院本社、2012

O.N. サラチョ、B. スポディック『乳幼児教育における遊び―研究動向と実践への提言』培風館、2008

イラム・シラージ、デニス・キングストン、エドワード・メルウィッシュ『「保育プロセスの質」評価スケール―乳幼児期の「ともに考え、深めつづけること」と「情緒的な安定・安心」を捉えるために』明石書店、2016

テルマ ハームス、リチャード M. クリフォード、デビィ クレア『新・保育環境評価スケール1（3歳以上）』法律文化社、2016

キャシー・シルバー、イラム・シラージ、ブレンダ・タガート『新・保育環境評価スケール3（考える力）』法律文化社 2018

今井和子『0・1・2歳児の心の育ちと保育』小学館、1998

中川信子『ことばをはぐくむ―発達に遅れのある子どもたちのために』ぶどう社 1986

宮原和子・宮原英種『知的好奇心を育てる応答的保育』ナカニシヤ出版、2004

中島久美子「保育者が"子ども"に関わる―主体的な育ちを信じて」『げ・ん・き』155号、エイデル研究所、2017

野村弘子「保育者が"親"に関わる―親子の将来を見通

して」『げ・ん・き』155号、エイデル研究所、2017

ダナ・サスキンド『3000万語の格差―赤ちゃんの脳をつくる、親と保育者の話しかけ』掛札逸美訳、明石書店、2018

国立国語研究所編『幼児の語彙能力（国立国語研究所報告）』東京書籍1980

秃美紗子『モンテッソーリ教育：理論と実践 第5巻 言語教育』学研、1985

藤田彩乃『保育者が子どもに知ってほしい語彙に関する考察』東洋大学ライフデザイン学部卒業研究要旨集、2018

OECD Starting Strong Ⅲ OECD Publishing 2012

高山静子『改訂 環境構成の理論と実践～保育の専門性に基づいて』郁洋舎、2021

加藤俊徳『脳が知っている怒らないコツ』かんき出版、2016

高山恵子『イライラしない、怒らない ADHDの人のためのアンガーマネジメント（健康ライブラリー）』講談社、2016

マシュー・マッケイ他『怒りのセルフコントロール―感情への気づきから効果的コミュニケーションスキルまで』明石書店、2011

第3章　チームの質を高める関わりの技術

奥田弘美、本山雅英『メディカル・サポート・コーチング入門―医療者向けコミュニケーション法』日本医療情報センター、2003

森時彦、ファシリテーターの道具研究会『ファシリテーターの道具箱―図でわかる！すぐに役立つ！ 組織の問題解決に使えるパワーツール49』ダイヤモンド社2008

谷益美『リーダーのための！ファシリテーションスキル』すばる舎 2014

高山直子『働く人のための「読む」カウンセリング―ピープル・スキルを磨く』研究社、2010

西條剛央『チームの力―構造構成主義による"新"組織論（ちくま新書）』筑摩書房、2015

齋藤孝『1分で大切なことを伝える技術（PHP新書）』PHP研究所、2009

小薗真知子ら『人間関係が楽になる医療・福祉現場のコミュニケーション：コーチング思考で"人"を理解するための25の事例』三輪書店、2015

イラム・シラージ、エレーヌ・ハレット『育み支え合う保育リーダーシップ―協働的な学びを生み出すために』明石書店、2017

掛札逸美『保育者のための心の仕組みを知る本―ストレスを活かす 心を守る』ぎょうせい 2017

第4章　専門職にはふさわしくない関わりをなくす

マリー＝フランス・イルゴイエンヌ『モラル・ハラスメント―職場におけるみえない暴力（文庫クセジュ）』

白水社、2017

清水将之他「保育所における不適切な関わりについて」
　全国保育士養成協議会　第54回研究大会研究発表論集
　51、2015

清水将之「保育所における不適切な関わりについて(2)」
　全国保育士養成協議会　第55回研究大会研究発表論集
　52、2016

高山静子「子どもの人権を尊重する保育士養成のあり方」
　『子ども家庭福祉学』第9号、日本子ども家庭福祉学会、
　2010

社会福祉法人東京都社会福祉協議会　保育部会調査研究
　委員会『10代で出産した母親の子育てと子育て支援
　に関する調査』社会福祉法人東京都社会福祉協議会
　保育部会調査研究委員会、2003

森田ゆり『しつけと体罰—子どもの内なる力を育てる道
　すじ』童話館出版、2003

高山静子『改訂　環境構成の理論と実践〜保育の専門性
　に基づいて』郁洋舎、2021

高山静子『学びを支える保育環境づくり〜幼稚園・保育
　園・認定こども園の環境構成』小学館、2017

高山静子『子育て支援の環境づくり』エイデル研究所、
　2018

第3部　演習・園内研修編
関わりの質を高めるスキルアップ演習
　（園内研修）

角田尚子・ERIC国際理解教育センター『環境教育指導
　者育成マニュアル—気づきから行動へ参加型研修プロ
　グラム』ERIC国際理解教育センター、1999

ロジャー・ハート『子どもの参画—コミュニティづくり
　と身近な環境ケアへの参画のための理論と実際』萌文
　社、2000

中野民夫『ワークショップ—新しい学びと創造の場（岩
　波新書）』岩波書店、2001

小野田博一『論理的に考える方法—判断力がアップし本
　質への筋道が読める』日本実業出版社、1998

井上深幸ら『みえるわかる　対人援助の基本と面接技術
　—事例でわかるプロセスレコード』日総研出版、2004

北川達夫、フィンランド・メソッド普及会『図解フィン
　ランド・メソッド入門』経済界、2005

高山静子『学びを支える保育環境づくり〜幼稚園・保育
　園・認定こども園の環境構成』小学館、2017

本間正人・祐川京子『すぐに使える！ほめ言葉ワークブッ
　ク』PHP研究所、2008

全国保育士会『保育所・認定こども園等における人権擁
　護のためのセルフチェックリスト〜「子どもを尊重す
　る保育」のために〜』2017

著者

高山 静子 （たかやま しずこ）

東洋大学教授。保育と子育て支援の現場を経験し、平成 20 年より保育者の養成と研究に専念。平成 25 年 4 月より東洋大学。教育学博士（九州大学大学院）。研究テーマは、保育者の専門性とその獲得過程。著書に『改訂 環境構成の理論と実践〜保育の専門性に基づいて』『子育て支援の環境づくり』『学びを支える保育環境づくり〜幼稚園・保育園・認定こども園の環境構成』『子育て支援ひだまり通信〜遊びとしつけの上手なコツ』（いずれも単著）、『育つ・つながる子育て支援〜具体的な技術・態度を身につける 32 のリスト』（共著）、『3000 万語の格差』（解説）など。

写真提供

藤田 修平 （表紙 タイトル右下、p.77、153）

落合 陽子

志賀口 大輔

装幀

野田 和浩

イラスト

おおえだ けいこ

改訂 保育者の関わりの理論と実践〜保育の専門性に基づいて

2021年3月12日　初版　第1刷発行
2023年10月6日　初版　第5刷発行

著　者　　高山静子
発行人　　長谷吉洋
発行所　　株式会社 郁洋舎
　　　　　248-0025 神奈川県鎌倉市七里ガ浜東 3-16-19
　　　　　TEL.0467-81-5090　FAX.0467-81-5091
ISBN　　　978-4-910467-01-6